Joshua Fields Millburn | Ryan Nicodemus

MINIMALISMUS

– Der neue Leicht-Sinn –

INHALT

VORWORT

Ein beliebtes Allheilmittel, das sich viele Menschen selbst verordnen, heißt Konformität. Nicht glücklich? Kauf dies. Kauf das. Kauf irgendwas. Tu es den Mächtigen, Reichen und Schönen gleich. Denn was die können, kannst du auch. Oder? Das ist ganz offensichtlich der falsche Weg. Wir alle wissen das, und dennoch versuchen wir es immer und immer wieder. Tag für Tag. Wir versuchen, Schritt zu halten, uns mit anderen zu messen, die gesellschaftlichen Erwartungen zu erfüllen. Wir setzen uns selbst unter den immensen Druck, nicht wir selbst, sondern etwas – oder jemand – anderes zu sein.

HIN ZUM MINIMALISMUS

Heute sind die Menschen gestresster denn je. Auf uns lastet mehr Druck als jemals zuvor in der Geschichte der Menschheit. Wir sehen sie im Fernsehen: die spindeldürren Models und die kantigen Kerle mit dem Stempel »sexiest men alive«. So hat man vermeintlich auszusehen. Wir hören es im Radio: Geschichten über egozentrische, zügellose Rapper mit dicken Autos oder über die Champagnerorgien von Popstars und ihren verantwortungslosen Lebensstil. So hat unser Konsumverhalten vermeintlich auszusehen. Wir bekommen ihn am Arbeitsplatz mit: den Klatsch und Tratsch der Kollegen über alles und jeden und, Gott behüte, über uns. So haben wir uns vermeintlich zu verhalten. Wenn man das höchste Haus in der Stadt haben will, muss man alle anderen Häuser abreißen.

Der Druck lastet von allen Seiten auf uns. Oder nicht?

In Wahrheit ist der ganze Druck, den wir spüren, hausgemacht. Natürlich wird er durch äußere Faktoren mit beeinflusst, aber das bedeutet nicht, dass wir ihm auch nachgeben müssen. Wir müssen uns diesen Einflüssen nicht unterwerfen. Denn selbst, wenn Sie so sein könnten wie die Mächtigen, Reichen und Schönen: Es würde Sie nicht glücklich machen. Glück kommt von innen, es entsteht in Ihnen selbst und aus einem sinnerfüllten Leben heraus. Und genau diese Tatsache möchte Ihnen dieses Buch näherbringen.

ÜBER THE MINIMALISTS

Dieses Buch handelt in erster Linie von Ihnen und davon, wie Sie einen neuen Leicht-Sinn in Ihrem Leben finden. Doch zuvor möchten wir uns gern kurz vorstellen.

Wir sind Joshua Fields Millburn und Ryan Nicodemus, zwei Mittdreißiger, die unter TheMinimalists.com – unserer Website mit über vier Millionen Lesern – Essays über ein sinnerfülltes Leben ohne unnötigen Ballast schreiben. Unsere Geschichte war Thema in der Today Show, im Wall Street Journal, in der New York Times, in USA Today, Forbes, im Time Magazine und im People Magazine, um nur einige zu nennen. Wir beide verfügen über umfangreiche Erfahrung in der Führung großer Teams in amerikanischen Unternehmen sowie im Coaching und in der Förderung Hunderter von Mitarbeitern, damit sich diese als Individuum weiterentwickeln und besser in ihr soziales Umfeld einbringen können.

Wir lebten einst als glückliche junge berufstätige Männer in Dayton, Ohio. Doch wir waren nicht wirklich glücklich. Eigentlich waren wir es ganz und gar nicht. Gut, mit Ende zwanzig waren wir beste Freunde, hatten beide tolle Jobs mit einem sechsstelligen Jahreseinkommen, schicke Autos, große Häuser, trugen teure Kleidung – Überfluss in Hülle und Fülle.

Doch trotz all dieser materiellen Dinge wussten wir, dass wir nicht zufrieden waren mit unserem Leben. Es erfüllte uns nicht. Wir erkannten, dass eine Arbeitswoche mit 70 oder 80 Stunden und ständiges Kaufen von noch mehr unnötigen Dingen diese Leere nicht füllen konnten. Stattdessen wurde sie immer größer. Also übernahmen wir wieder die Kontrolle über unser Leben. Dabei halfen uns die Grundsätze des Minimalismus, sich auf das zu konzentrieren, was wirklich wichtig ist.

ÜBER DIESES BUCH

An diesem Buch haben wir sehr lange gearbeitet. Es wurde 2010 konzipiert und im März 2011 fertiggestellt: ein 300-Seiten-Ratgeber mit dem Titel »Minimalism in 21 Days« (»Minimalismus in 21 Tagen«). Ein 300 Seiten schweres Buch mit einer Anleitung zum Minimalismus? Das erschien uns widersinnig. 300 Seiten – und das ausgerechnet in einem Buch über ein Thema, bei dem es darum geht, Überflüssiges im Leben zu reduzieren? Die Ironie darin war unverkennbar.

Es war zweifelsohne ein gutes Buch – weitaus besser als das Geschwafel, das man oft im Internet findet. Aber da wir es nicht als hervorragendes Buch empfanden und es ihm an der nötigen Kürze fehlte, taten wir, was jeder verantwortungsvolle Autor getan hätte: Wir verwarfen das gesamte Manuskript, veröffentlichten eine verschlankte Version von »Minimalism in 21 Days« auf unserer Website (www.minimalists.com/21days, in Englisch) und begannen wieder ganz von vorn. Es war nicht einfach, aber das schien uns der einzig wahre Weg, um ein wirklich sinnvolles Buch herausbringen zu können.

Es erschien 2011 als englischsprachige Erstausgabe bei Asymmetrical Press unter dem Titel »Minimalism. Live a Meaningful Life«. In den fünf Jahren seit der Veröffentlichung des Buches hat sich vieles getan und wir haben einiges dazugelernt.

In der Zwischenzeit haben wir die englische Erstausgabe überarbeitet, das Ergebnis ist die aktuelle Zweitlauflage, die nun auch erstmals auf Deutsch erhältlich ist.

Beim erneuten Lesen der Erstausgabe waren wir überrascht, wie gut sich die Grundsätze unseres Buches behauptet haben.

Bei jeder Veranstaltung, in jedem Interview und in fast allen Gesprächen mit unseren Lesern und Leserinnen kommen wir immer wieder auf die fünf Werte zurück, die wir in diesem Buch erläutern. Die Zweitausgabe befasst sich weniger mit den vergangenen fünf Jahren (unsere Memoiren »Everything That Remains« und unsere Essaysammlung »Essential«, beide auf Englisch erhältlich, geben da einen weitaus besseren Einblick), sondern geht ausführlicher auf die besagten fünf Werte ein.

Auf unserer Website finden Sie einen kostenlosen Ratgeber für Einsteiger sowie regelmäßig neue Essays, die sich eingehend mit dem Thema Minimalismus befassen und praktische Mittel und Wege für ein einfaches Leben mit Leicht-Sinn aufzeigen (alle Texte auf Englisch). Auch dieses Buch ist als praktische Hilfe gedacht. Schließlich wollen wir Ihre Zeit nicht vergeuden. Die Zutaten dieses Buches sollen Ihnen als Grundrezept für ein bewusstes Leben dienen. Natürlich können Sie dieses Rezept ganz nach Ihrem Geschmack und an Ihren Lebensstil anpassen. Dieses Buch lässt sich gut in ein bis zwei Tagen durchlesen. Damit aber sein Inhalt besser verarbeitet werden kann, ist es in sieben mundgerechte Stücke aufgeteilt. Am besten lesen Sie täglich ein Kapitel – über eine Woche lang.

FÜNF WERTE – UND DIES GANZ PRAKTISCH

Dieses Buch unterscheidet sich von den Inhalten auf unserer Website und denen unserer anderen Bücher. Auf unserer Website dokumentieren wir unseren Weg zum Minimalismus und unsere stetige Weiterentwicklung durch vielfältige Selbstversuche. In diesem Buch betrachten wir den Minimalismus von einer anderen Warte aus und erläutern ausführlich die fünf Werte für ein sinnerfülltes Leben. Es liefert auch Einblicke in unser eigenes Leben, darunter die schmerzlichen Erlebnisse, die uns zum Minimalismus brachten.

Das Buch soll Ihnen helfen, über Ihr Leben und Ihre Lebensweise nachzudenken. Es soll Sie zum Nachdenken und zur Selbstreflexion anregen, damit Sie Ihr altes Leben hinter sich lassen und den Weg in ein neues Leben beschreiten können. Sie sollen erkennen, dass Sie sich ändern und zu dem Menschen werden können, der Sie wirklich sein wollen: ein besserer Mensch, der Leidenschaft, Liebe, Mitgefühl, Disziplin und Glück empfindet und aufbringt. Den größten Nutzen aus diesem Buch ziehen Sie, wenn Sie folgende drei Dinge beherzigen.

Mehrmals lesen

Das erste Lesen dient quasi als Vorlauf, aber erneutes Lesen der für Sie wichtigsten Abschnitte wird Ihren Wunsch verstärken, Ihr Leben aktiv zu verändern.

Notizen machen

Dieses Buch ist kein theoretisches Dokument. Wir möchten, dass Sie so viel wie möglich von seinen Kapiteln profitieren. Das bedeutet: Machen Sie sich ausführliche Notizen, markieren Sie bestimmte Passagen und erstellen Sie Listen, um sich selbst besser zu verstehen.

Aktiv werden

Das ist der wichtigste Schritt. Wenn Sie dieses Buch lesen, aber das Gelernte nicht umsetzen, verschwenden Sie Ihre Zeit. Es ist in Ordnung, zum Einstieg erst einmal alle Informationen zu sammeln, aber nur aktives Handeln wird Ihr Leben verändern. Sie müssen beim Lesen der Kapitel nicht gleich Ihr komplettes Leben umkrempeln, aber Sie sollten kleinere Anpassungen vornehmen, die im Laufe der Zeit große Veränderungen bewirken. Betrachten Sie dieses Buch als Ratgeber. Als die Minimalisten, die wir sind, beginnen wir bei den materiellen Gütern. Nachdem wir uns von allen unnötigen Dingen befreit haben, wenden wir uns den wichtigsten Bereichen im Leben zu: Gesundheit, Beziehungen, Leidenschaften, Weiterentwicklung und soziales Engagement. Diese fünf Werte sind aus unserer Erfahrung die Grundlagen für ein sinnerfülltes Leben.

UNS EINT DER GLEICHE WUNSCH

Bevor es losgeht, möchten wir anmerken, dass wir zusammen zwar 60 Jahre Lebenserfahrung in Sachen Minimalismus mitbringen, aber trotzdem nicht allwissend sind. Die in diesem Buch aufgeführten Strategien, Experimente und Geschichten haben wir aus unzähligen Quellen erhalten, angefangen von Elizabeth Gilbert bis hin zu Tony Robbins und vielen anderen. Diese Strategien funktionierten für uns und für Tausende anderer Menschen. Denn obwohl wir alle verschieden sind, haben wir doch denselben Wunsch: ein sinnerfüllteres Leben zu führen.

UNSER WEG

All die materiellen Dinge, mit denen wir uns umgeben, werden uns nicht glücklich machen. Das wissen wir alle – und dennoch suchen wir nach einem Sinn im Leben, indem wir immer mehr Dinge anhäufen. Doch echtes Glück entsteht aus uns heraus – aus der Person, zu der wir uns entwickelt haben. Genauso haben wir beide es erlebt.

SIND SIE GLÜCKLICH?

Echtes Glück kommt von innen. Und so entsteht auch Unzufriedenheit als Folge unserer persönlichen Entwicklung. Wenn Sie Ihr Leben auf dem eines Durchschnittsmenschen gründen möchten, dann ist dieses Buch nichts für Sie. Denn der Durchschnittsmensch ist nicht glücklich. Doch nur weil die meisten unglücklich sind, heißt das nicht, dass Sie auch unglücklich sein müssen. Sie müssen sich nicht mit einem mittelmäßigen Leben abfinden, nur weil die Leute um Sie herum das getan haben. Natürlich ist nicht Glück der Hauptpunkt, sondern ein sinnerfülltes Leben. Statt ständig nach Glück sollten wir mehr nach einem echten Sinn suchen. Wenn unser kurzfristiges Handeln mit unseren langfristigen Werten übereinstimmt, finden wir in allem, was wir tun, einen Sinn. Paradoxerweise führt diese Art von bewusstem Leben zu wahrem Glück. Kein flüchtiges, momentanes Glück, sondern eine dauerhafte Zufriedenheit, die verstärkt wird durch Disziplin, Aufmerksamkeit, Achtsamkeit und bewusstes Handeln. Glück entsteht dabei ganz nebenbei.

UNZUFRIEDENHEIT AUFSPÜREN

2009 konnte unser Leben nicht besser laufen. Wir arbeiteten für dasselbe Telekommunikationsunternehmen (Joshua seit 1999, Ryan seit 2004) und genossen die Vorzüge eines Lebens, um das uns die meisten beneideten. Wir lebten unsere Version des American Dream. Aber aus irgendeinem Grund, den wir damals noch nicht erkannten, waren wir nicht glücklich. Wir fühlten uns nicht erfüllt und noch weniger fühlten wir uns zufrieden.

Im Laufe der Zeit kamen wir immer häufiger auf das Thema Glück zu sprechen. Mit jeder Beförderung, jeder Auszeichnung oder schicken Reise, die uns zuteilwurde, mit jedem Lob, das wir erhielten, war das damit verbundene Glücksgefühl schnell wieder verflogen. Und es verflüchtigte sich in immer kürzeren Abständen. Also suchten wir Glück darin, möglichst noch mehr Lob einzuheimsen, und versuchten, unser Selbstwertgefühl und unseren empfundenen Stellenwert dadurch zu verbessern, dass wir immer mehr »erreichten«. Wir arbeiteten immer härter für die Wertschätzung, oftmals doppelt so viele Stunden wie der Durchschnittsamerikaner. Wir taten alles, um unseren Wert unter Beweis zu stellen.

Es war wie im Drogenrausch. Je mehr Lob wir bekamen, desto mehr brauchten wir davon, um zu funktionieren und uns glücklich zu fühlen. Es ging so weit, dass wir nur lebten, um emotional ausgeglichen zu sein.

Unser Leben war übervoll mit Unzufriedenheit. Uns war klar, dass sich etwas ändern musste, aber wir wussten nicht, was. Also machten wir das, was die meisten Amerikaner tun: Wir versuchten, unser Glück zu kaufen. Obwohl wir in unseren angesehenen Positionen ein sechsstelliges Jahresgehalt verdienten, gaben wir mehr Geld aus, als wir hatten – für Luxusautos, große Häuser, Großbildfernseher, schicke Möbel, teure Urlaube und alles andere, von dem uns unsere in allen Medien präsente Konsumkultur versprach, dass es uns glücklich mache.

Aber es machte uns nicht glücklich. Es brachte uns mehr Katerstimmung und Unzufriedenheit, weil nicht nur die alten Gefühle blieben, sondern sich noch verstärkten und wir emotional immer mehr ins Minus rutschten. Und wenn das vorübergehende Hochgefühl aus unseren Käufen verflog, blieben wir deprimiert, leer und hilflos zurück. Ende 2009 begann Joshua nach mehreren schlimmen Ereignissen jeden Aspekt seines Lebens infrage zu stellen, einschließlich seines materiellen Besitzes, seines Jobs, seines Erfolgs und des Sinns in seinem Leben.

EIN SCHWELBRAND

Lassen Sie uns in unserer Geschichte ein paar Jahre zurückgehen, da unsere Unzufriedenheit nicht plötzlich vom Himmel fiel und uns wie der berühmte Blitz traf. Wir wachten nicht eines Morgens auf und dachten: Ach je, gestern war alles noch in Ordnung und heute bin ich so unglücklich. So funktioniert Unzufriedenheit nicht. Sie ist eher wie ein Schwelbrand – ein bedrohliches Problem, das sich nach Jahren der unterschwelligen Unzufriedenheit ins Leben schleicht.

ES BEGANN IN UNSERER KINDHEIT

Die ersten Anzeichen von Unzufriedenheit traten schon lange vor unserer Zeit als erfolgreiche Manager auf. Es begann bereits in unserer Kindheit.

Wir lernten uns vor 20 Jahren in der fünften Klasse kennen. Wir waren zehn Jahre alt, lebten in der Nähe von Dayton, Ohio, und schon damals war unser Leben voller Unzufriedenheit. Wir wuchsen beide in den 1980ern in dysfunktionalen Familien auf (lange bevor dysfunktional zu einem allgemeinen Begriff für eine gestörte Struktur wurde).

Unsere Mütter und Väter waren geschieden. Joshua war drei Jahre alt, als sich seine Eltern trennten. Seine Mutter wurde Alkoholikerin und überließ Joshua ab seinem sechsten Lebensjahr mehr oder weniger sich selbst. Sein bipolarer, schizophrener Vater starb, als Joshua neun Jahre alt war. Ryans Mutter hatte ähnliche Suchtprobleme, die später dazu führten, dass Ryan als junger Erwachsener drogenabhängig wurde. Wir wuchsen unter alles andere als idealen Kindheitsbedingungen auf. Rückblickend begann bereits hier unser unheilvoller Weg. Im Alter von zwölf Jahren waren wir beide übergewichtig, uncool und zutiefst unglücklich mit unserem Leben. Wir versuchten, dem zu entfliehen. Damals führte der einfachste Fluchtweg zum Essen. Wir erfuhren darin sofortige Befriedigung und glaubten, wir seien glücklich – zumindest für den Augenblick. Essen war einer der wenigen Aspekte in unserem Leben, den wir kontrollieren konnten, da alles andere so unkontrollierbar erschien. Wir wohnten in heruntergekommenen Wohnungen voller Kakerlaken, mit alleinerziehenden Müttern, die uns zwar liebten, aber mehr mit sich und ihrer Sucht beschäftigt waren, als sich um ihre Kinder zu kümmern.

EINE IDEE DER JUGENDZEIT

Als wir in die höhere Schule kamen, zog Ryan zu seinem Vater in ein weitaus gefestigteres Leben. Sein Vater besaß ein kleines Tapeziergeschäft und konnte ihm den etwas besseren Lebensstandard der unteren Mittelklasse ermöglichen. Ryans Vater war das genaue Gegenteil seiner Mutter: Er hatte einen festen Job, war extrem fürsorglich und ein gläubiger Zeuge Jehovas. Die lange Liste der positiven Veränderungen war zu viel auf einmal für Ryan. Er tat sein Bestes, sich den strengen Regeln im Haus anzupassen, gleichzeitig rebellierte er und probierte Alkohol, Marihuana und härtere Drogen aus.

Joshua schlug einen anderen Weg ein. Angewidert vom zügellosen Alkoholismus seiner Mutter trank er nicht und nahm auch keine Drogen, sondern entwickelte eine Zwangsstörung. Er stellte fest, dass er zwar seine Lebenssituation mit der verwahrlosten Wohnung, seiner betrunkenen Mutter und dem fehlenden Geld nicht kontrollieren konnte, aber stattdessen sich selbst. So nahm er in seinem ersten Jahr an der weiterführenden Schule

auf ungesunde Art und Weise (er aß nur sehr wenig) extrem viel
ab und verbrachte Stunden damit, seine spärlichen Besitztümer
zu ordnen. Er achtete zwanghaft auf die kleinste Unordnung
und suchte nach einer Ordnung in diesem Chaos.

1988 während unseres letzten Jahrs auf der weiterführenden
Schule hatten wir ein denkwürdiges Gespräch, das zu dem Wendepunkt wurde, der uns in das
Chaos und Gewirr der Konsumkultur führte. Da wir recht arm
aufgewachsen waren, bedeutete
Geld für uns Glück. Explizit:
Wir müssten nur 50 000 Dollar
im Jahr machen, dann wäre alles
gut. Unsere Eltern hatten eine
solche Summe nicht verdient
und waren nicht glücklich. Uns
könnte dieses Geld also glücklich machen. 1999 schlossen

Wenn wir also diesen willkür-
lich festgelegten Wert von
mindestens 50 000 Dollar
erreichten, würde uns das wohl
irgendwie glücklich machen.
Heute klingt das absurd, aber
damals mit 18 Jahren und
bereit, die Welt selbstständig zu
erobern, erschien es uns
vollkommen logisch.

wir die Highschool ab und unsere Wege trennten sich für einige
Jahre. Keiner von uns ging sofort aufs College. Stattdessen versuchten wir uns in der Arbeitswelt.

Ryan arbeitete für seinen Vater, er tapezierte und strich
Wände in opulenten Häusern im Südwesten von Ohio. Joshua
fand einen Vertriebsjob bei einem großen Unternehmen. Beide
beruflichen Werdegänge waren geprägt von bestimmten Gelder-
wartungen. Unsere Arbeit gefiel uns zwar nicht besonders, aber
wir wussten es nicht besser. Uns war nicht klar, dass man tatsächlich in einem Job arbeiten konnte, der einem Spaß machte.
Unsere Arbeit hatte für uns nur zwei Dinge zu erfüllen: Wir
wollten Geld verdienen und sie sollte uns einen bestimmten sozialen Status verschaffen.

Ryan verdiente genug Geld zum Leben. Es war nicht üppig,
aber er konnte seine Rechnungen bezahlen. Außerdem erhielt
er mit seinem Job eine Identität. Ein halbes Dutzend Malerau-

tos mit der Aufschrift »Nicodemus« rollte durch die Straßen von Warren County, Ohio, und sprach stumm Bände über seine Zukunft. Es war beruhigend zu wissen, dass er eines Tages das Geschäft seines Vaters übernehmen, es zu seinem eigenen machen und dann vielleicht an seine eigenen Kinder weitergeben würde.

DER WUNSCH NACH MEHR

Aber Ryan wusste auch, dass ihn das Maler- und Tapeziergeschäft nicht reich machen würde. Er strich Häuser, die mehrere Millionen Dollar gekostet hatten und von denen er wusste, dass er sie sich nie würde leisten können. Auch nicht mit dem Geschäft seines Vaters, das er, wenn er wirklich hart arbeiten würde, in zehn, zwanzig Jahren übernehmen könnte, wenn sich sein Vater zur Ruhe setzen würde. Ryan spürte eine große Unzufriedenheit. Er erkannte, dass er nie in der Lage sein würde, das zu bekommen, was er wollte. Damals wusste er nicht, warum er unbedingt so ein prunkvolles Haus haben wollte und warum er glaubte, dass es ihn glücklich machen würde. Er war einfach unglücklich darüber, dass er sich einen solchen Luxus nie würde leisten können. Und so suchte Ryan nach anderen Wegen, die fehlende Zufriedenheit zu empfinden.

Joshua fand einen Job, bei dem er mehr verdienen konnte als seine ehemaligen Mitschüler. Einen Job mit langfristigen Aufstiegsmöglichkeiten. Er musste lediglich hart arbeiten, um »Ergebnisse einzufahren«. Und so schuftete er hart, oftmals einen Monat ohne Unterbrechung, sieben Tage die Woche, ohne einen freien Tag. Und je mehr er arbeitete, desto mehr verkaufte er. Je mehr er verkaufte, desto mehr Geld verdiente er und wurde entsprechend mit Lob überschüttet. Mit 18 verdiente er bereits mehr Geld, als seine Mutter je in ihrem ganzen Leben verdient hatte. Er war gerüstet für einen erfolgreichen Weg im Unternehmen. So schien es zumindest.

Doch auch Joshua verspürte diese Unzufriedenheit. Obwohl er im Alter von 19 Jahren bereits über 50 000 Dollar verdiente, hatte er wenig Freizeit. Unternehmensziele wie »liefern« und »erreichen« forderten ihren Tribut und so versuchte er, Glück und eine künstliche Zufriedenheit zu kaufen.

KÜNSTLICHE ZUFRIEDENHEIT

Unglücklich mit unseren Jobs und unserem Leben versuchten wir auf unterschiedliche Weise, unsere Unzufriedenheit zu stillen. Ryan wandte sich einigen extremen Lösungen zu. Zunächst verschrieb er sich der Religion seines Vaters und seiner Kindheit. Er schwor sämtlichen Drogen und weltlichen Aktivitäten ab und wurde ein gläubiger Zeuge Jehovas mit all den damit verbundenen Grundsätzen. In der Religion suchte er den Sinn des Lebens. Mit 18 Jahren, wenige Monate nach Abschluss der Schule, heiratete Ryan seine Highschool-Liebe. Er und seine Frau lebten nach den Grundsätzen der Zeugen Jehovas, nahmen einen Kredit für ein kleines Haus in der Stadt auf, in der sie aufgewachsen waren, und planten eine gemeinsame Familie.

Doch ihre Ehe wurde von Angst und Misstrauen beherrscht. Nach drei schwierigen Jahren endete die Ehe hässlich und Ryan kehrte zu Drogen und Alkohol zurück, um vor der so schmerzlich fehlgeschlagenen Realität zu flüchten.

Joshua wiederum setzte seine zielstrebige Karriere im Unternehmen fort und lieferte dauerhaft Erfolge als einer der besten Vertriebler. Mit 22 Jahren wurde er erstmals als einer der jüngsten Mitarbeiter in der 130-jährigen Unternehmensgeschichte in eine leitende Position befördert.

Diese Beförderung bedeutete mehr Geld, mehr Verantwortung und noch mehr Arbeit. Joshuas Leben war ganz und gar der Arbeit gewidmet. Er heiratete mit 23, baute ein großes Haus in einem Vorort und arbeitete immer noch mehr, während sein

Privatleben in den wenig beachteten Hintergrund trat. Ihm war kaum bewusst, dass er geheiratet hatte. Er vernachlässigte die Beziehung zu seiner Frau und hielt sie für selbstverständlich. Er verbrachte kaum Zeit in ihrem großen Haus mit mehr Schlafzimmern als Bewohnern. Vor allem ignorierte er die Unzufriedenheit, die in ihm brodelte.

Joshua wusste, dass er nicht glücklich war, dachte aber, das Glücksgefühl würde sich sicher noch einstellen. Und so lebte er sein Leben in halsbrecherischem Tempo weiter.

Um seine unterschwellige Unzufriedenheit ruhig zu stellen, versuchte Joshua, sein Glück zu kaufen. Er gab Geld für alle möglichen Dinge aus, kaufte schicke Kleidung, Unterhaltungselektronik, Unmengen an unnötigem Kram und machte teure Reisen. Als diese Dinge ihm kein dauerhaftes Glück bescherten, wandte er sich dem erprobten Mittel aus seiner Kindheit zu: dem Essen. Mit Mitte zwanzig wog er mehr als je zuvor: Er hatte 35 Kilo Übergewicht und war komplett aus der Form geraten. Aber wenigstens verdiene ich gutes Geld!, dachte er und identifizierte sich immer stärker mit seinem Beruf, der ihm auch eine Art Status und Befriedigung verschaffte. Er wusste, dass er seinen Job gut machte, auch wenn er nicht leidenschaftlich dafür brannte.

WIEDER VEREINT

Ungefähr zu diesem Zeitpunkt, mit Anfang zwanzig am Tiefpunkt unseres Lebens, begegneten wir uns fast zufällig wieder. Ryan hatte beschlossen, das Geschäft seines Vaters nicht zu übernehmen. Er wusste zwar nicht, was er mit seinem Leben anfangen sollte, aber er konnte sich vorstellen, es mit einem Job in der Wirtschaft zu versuchen. Denn wenn er knapp über 50 000 Dollar in einem Jahr verdienen würde, würde sich das Leben bestimmt zum Guten wenden und er würde glücklich werden.

2004, kurz nach Joshuas Hochzeit und Ryans Scheidung, stellte Joshua Ryan in dem Unternehmen ein, für das er bereits seit fünf Jahren ununterbrochen schuftete. Und wie Joshua lieferte auch Ryan schnell Erfolge, arbeitete extrem hart und wurde zu einem der besten Vertriebler des Unternehmens.

Ab Mitte bis Ende zwanzig wurden wir mehrmals befördert und erhielten so schicke Titel wie Channel Manager, Regional Manager und Director. Und diese Titel bedeuteten mehr Geld und mehr Verantwortung und mehr Arbeit. Leider hatten diese Beförderungen auch weitaus dunklere Seiten: Anspannung, Stress, Sorgen, Überforderung und Depression. Mit Ende zwanzig verdienten wir richtig gutes Geld in Jobs, die uns keinen Spaß machten. Zugleich waren wir verschuldet und abhängig – finanziell und emotional.

UNSERE DAMALIGE REALITÄT

So sehr wir uns auch bemühten: Unsere Suche nach Glück in Form von Status und materiellen Gütern brachte uns nie echtes Glück oder dauerhafte Zufriedenheit.

ZURÜCK IN DIE ZUKUNFT

So kamen wir ins Jahr 2009, zu unserer 80-Stunden-Arbeitswoche und in unser nach außen hin perfektes Leben, das hinter der Fassade bröckelte.

Am 8. Oktober 2009 starb Joshuas Mutter an Lungenkrebs. Über ein Jahr lang hatte sie gekämpft und mehrere Chemos und Bestrahlungen ertragen. Doch als der Krebs ihr Gehirn und andere Organe befiel, konnte sie der Krankheit nicht länger die Stirn bieten. Sie gab auf.

Diese Krankheit schien gleichzeitig eine Metapher für Joshuas Leben zu sein. Nach außen hin sah alles gut aus – die Ehe, der tolle Job, die Autos, der ganze Tand als Zeichen seines Erfolgs. Aber innerlich stimmte rein gar nichts.

Keiner von uns beiden war glücklich. Als wir zehn Jahre zuvor überlegt hatten, dass uns ein Jahresverdienst von 50 000 Dollar ganz sicher glücklich machen würde, hatten wir uns getäuscht. Mit Anfang zwanzig dachten wir zunächst, dass wir uns einfach verrechnet hätten, und so änderten wir unsere Gleichung. Sie lautete jetzt: Wenn wir 60 000 Dollar im Jahr verdienen, werden wir glücklich. Und als das nicht funktionierte, hieß es: Wenn wir 75 000 Dollar, dann 90 000 Dollar und dann 100 000 Dollar im Jahr verdienen, werden wir glücklich. Und so ging es immer weiter und weiter. Jedes Jahr verdienten wir mehr Geld und jedes Jahr gaben wir mehr aus, als wir verdienten, um unsere ständige Unzufriedenheit zu vergessen. Die Gleichung ging nie auf.

Eine Woche, nachdem Joshuas Mutter gestorben war, unterhielten wir uns erneut über das Glück und wie man es wohl am besten erreichen könnte. Wir überlegten, warum wir nicht glücklich waren und was erforderlich wäre, um glücklich zu werden. Offensichtlich funktionierte unsere alte Gleichung »Wenn wir x-tausend Dollar verdienen, werden wir glücklich« nicht. Unsere Gehälter waren gut sechsstellig, wir waren zwei 28 Jahre alte Führungskräfte und gemessen an kulturellen Standards hatten wir es »zu etwas gebracht«. Doch der Schein trog. Darauf sollten wir unser ganzes Leben lang gewartet haben? Würden wir weiterhin aberwitzig viele Überstunden in einem Unternehmen schuften, dem wir egal waren? Würden wir uns bis in die oberste Führungsriege hocharbeiten und Vorstandsmitglied oder Vorstandsvorsitzender mit einem sieben- oder achtstelligen Gehalt werden – nur, um uns dann mit 40 noch leerer zu fühlen? Das klang wenig verlockend.

Der Tod von Joshuas Mutter relativierte alles: Unsere Zeit auf dieser Erde ist endlich. Man kann sie mit dem Anhäufen von Geld oder auf sinnvolle Weise verbringen, wobei das Letztere das Erste nicht ausschließen muss. Doch das unablässige Streben nach Reichtum bringt kein sinnvolles Leben. So beschlossen wir, unser Leben einer Bestandsaufnahme zu unterziehen. Wir wollten herausfinden, was uns unglücklich macht und was wir brauchten, um diese Dinge in unserem Leben zu ändern. Wir wollten Glück, Leidenschaft und Freiheit erfahren.

Unsere Träume vom Erklimmen der Karriereleiter erschienen uns wie Albträume, je länger wir darüber sprachen.

WELCHE ANKER
BREMSEN UNS?

Zunächst bestimmten wir unsere Anker. Fest stand: Große Häuser, größere Gehälter, materieller Besitz und Unternehmensauszeichnungen – alles, was wir doch gewollt hatten – machten uns nicht glücklich. Also wollten wir herausfinden, was uns bremste, was uns festhielt und daran hinderte, uns weiterzuentwickeln. Welches waren die Anker, die uns zurückhielten?

Das Symbol des Ankers sprach uns beiden aus der Seele. Es zwang uns, ehrlich in den Spiegel zu blicken und alles zu benennen, was uns von einem glücklichen, erfüllten Leben abhielt. Die Aufgabe war einfach: innerhalb einer Woche alles notieren, was wir als Anker empfinden (um ein Problem zu lösen, muss es zunächst einmal benannt werden, oder?). Unsere Liste wurde mit jedem Tag länger. Am Ende der Woche hatte Joshua 83 und Ryan 54 Anker aufgeschrieben. Ganz schön viele.

PRIORITÄTEN SETZEN

Als Nächstes ermittelten wir unsere Prioritäten. Dazu teilten wir unsere Anker in zwei Kategorien auf: Welches waren die großen Anker und welches die kleinen?

Große Anker waren die offensichtlichsten Gründe, die uns davon abhielten, uns frei zu fühlen. Dazu zählten unter anderem unsere Häuser (speziell die damit verbundenen hohen Hypothekenzahlungen), Beziehungen mit bestimmten Menschen (ungesunde Beziehungen, die unser Leben nicht bereicherten),

Autoraten und andere große Rechnungen, hohe Kredite, unsere Berufe sowie alles, was übermäßig viel Zeit kostete, ohne unser Leben durch einen entsprechenden Gegenwert in Sachen Zufriedenheit zu bereichern.

Kleine Anker machten den Großteil unserer Listeneinträge aus und umfassten Dinge wie Rechnungen fürs Kabelfernsehen, Internetrechnungen, sonstige Rechnungen, kleinere Kredite, ungetragene Kleidung, unbenutzte Haushaltsgeräte, Krimskrams für den Haushalt, bestimmte unproduktive, lose Beziehungen, die tägliche Fahrtzeit sowie weitere kleine Dinge, die jeweils einen kleinen Teil unserer Zeit, Aufmerksamkeit und Konzentration in Anspruch nahmen.

Wir beschlossen, viele dieser Anker mit der Zeit loszuwerden, um wieder selbst über unsere Zeit bestimmen zu können, die dann auf sinnvolle Art und Weise verbracht werden könnte. Da die großen Anker die schwierigste Herausforderung zu sein schienen, wollten wir mit ihnen beginnen. So wurde beispielsweise jeder zusätzliche Cent, den Joshua verdiente, als Zuzahlung zur Tilgung seiner Kredite verwendet. *Im Laufe von zwei Jahren bezahlten wir unsere Autos ab und tilgten unsere Schulden.* Keine Reisen mehr, keine Urlaube, keine schicken Restaurants – sein gesamtes Geld wurde zum Abbezahlen seines Autos und seiner hohen Kreditschulden genutzt, die trotz seines guten Einkommens auf eine unglaubliche, mehr als sechsstellige Summe angestiegen waren.

Andere große Anker gingen wir auf ähnliche Art und Weise an. Schließlich trennten wir uns von einem Großteil unserer Besitztümer, machten Schluss mit all dem Überfluss zugunsten von Dingen, die wir mochten und die uns Spaß machten. Dinge, die wir im täglichen Leben tatsächlich auch benutzten. Innerhalb von zwei Jahren hatten wir uns von vielen alten Ankern befreit.

SCHWERE ENTSCHEIDUNGEN TREFFEN

Da einige der großen Anker auch unsere Beziehungen mit anderen Menschen betrafen, mussten einige schwere Entscheidungen getroffen werden. Kurz nach dem Tod seiner Mutter kam Joshua zu dem Schluss, dass seine Ehe nach fast sechs Jahren am Ende war. Er wusste, dass weder er noch seine Frau glücklich waren. Sie hatten weder die gleichen Werte noch die gleichen Wünsche und wollten beide sehr unterschiedliche Dinge vom Leben. Doch sie liebten sich und wollten einen Weg finden, eine funktionierende Ehe zu führen.

Also setzten sie sich zusammen, sprachen über die offensichtlichen Unterschiede in ihren Persönlichkeiten und stellten einen Plan auf, um ihre Ehe zu retten. Sie gingen zur Eheberatung und näherten sich in kleinen Schritten an. Monatelang arbeiteten sie daran, ihre zerbrochene Ehe wieder zu kitten. Doch es half nichts. Sie waren einfach zu verschieden und so beschlossen Joshua und seine Frau, getrennte Wege zu gehen. Das war die schwerste Entscheidung, die er je treffen musste. Glücklicherweise waren sie im Laufe der Zeit in der Lage, sich als enge Freunde zu begegnen, denen das Wohlergehen des anderen immer noch am Herzen liegt.

Zudem stand Joshua vor der schwierigen Frage, was er mit all den Sachen seiner Mutter anstellen sollte – diese ganzen Erinnerungsstücke, an denen wir bis zuletzt festhalten. Seine Mutter lebte Tausende von Kilometern entfernt in Florida. Nach ihrem Tod lag es an Joshua, die kleine Einzimmerwohnung mit ihren vielen persönlichen Dingen auszuräumen. Seine Mutter hatte einen guten Einrichtungsgeschmack, daher waren ihre ganzen Möbel und Dekostücke kein Trödel, was das Weggeben noch schwieriger machte. Und dann gab es noch so viele andere Dinge in ihrer winzigen Wohnung, die gut und gern in mindestens drei Wohnungen gepasst hätten. Es führte kein Weg daran vorbei: Manches musste gehen.

Joshuas Mutter lebte ihr Leben als Dauerkäuferin, die ständig noch mehr Dinge anhäufte. Die ganze Wohnung war angefüllt mit antiken Möbeln, einem wunderschönen Himmelbett aus Eiche, das fast das gesamte Schlafzimmer ausfüllte; zwei Kleiderschränke waren vollgestopft mit Kleidungsstücken. Dutzende Bilderrahmen standen herum, Originalkunstwerke hingen an den Wänden und jede Ecke und jeder Winkel waren kreativ dekoriert. Die Räume quollen über von Dingen, die im Laufe von 64 Jahren zusammengekommen waren.

Also tat Joshua, was wohl jeder Sohn getan hätte: Er mietete einen großen Transporter. Dann erkundigte er sich bei einem Lagerhaus in Ohio, ob es dort einen ausreichend großen Lagerraum gab, den er mieten konnte. Der Transporter kostete 1600 Dollar, der Lagerraum 120 Dollar im Monat. Finanziell gesehen ein hoher Aufwand, aber sein emotionaler Aufwand war weitaus höher, wie er schnell feststellte.

Zunächst wollte sich Joshua von überhaupt gar nichts trennen. Wenn Sie einen Familienangehörigen verloren oder ähnlich emotionale Zeiten erlebt haben, dann können Sie nachvollziehen, wie schwer es für ihn war, sich auch nur von einem dieser Dinge zu trennen. Joshua wollte tatsächlich jedes Dekostück, jedes Figürchen, jedes Deckchen und all die überdimensionierten Möbel in den kleinen Lagerraum in Ohio quetschen. Bald war das Ding komplett vollgestopft, von oben bis unten.

Joshua wollte unbewusst sicher sein, dass die Dinge seiner Mutter immer da wären, wenn er aus irgendeinem irrationalen Grund darauf zugreifen wollte. Nur für den Fall.

In der Woche nach ihrem Tod begann Joshua, ihr Hab und Gut in Kartons zu packen: jeden Bilderrahmen, jedes Porzellanpüppchen, jedes Spitzendeckchen auf jedem Regal. Er packte alles ein, was von seiner Mutter übrig geblieben war.

Zumindest dachte er das.

Bis er einen Blick unter ihr Bett warf.

In dem dort herrschenden organisierten Chaos gab es unter anderem vier Kartons, durchnummeriert von 1 bis 4. Jeder der Kartons war mit Klebeband verschlossen. Joshua öffnete den ersten und zum Vorschein kamen alte Unterlagen aus seiner Grundschulzeit, von der ersten bis zur vierten Klasse. Rechtschreibtests, Schreibschriftübungen, Bilder – jedes noch so kleine Fitzelchen Papier aus vier Grundschuljahren. Es war offensichtlich, dass sie die zugeklebten Kartons jahrelang nicht angerührt hatte. Und doch hatte sie daran festgehalten, da sie versuchte, an Teilen ihres Sohns festzuhalten, an Teilen der Vergangenheit. Genauso, wie Joshua jetzt versuchte, an Teilen von ihr und ihrem nun vergangenen Leben festzuhalten.

Da endlich erkannte er, dass seine Bemühungen, all die Dinge festzuhalten, zwecklos waren. Er könnte stattdessen an den Erinnerungen festhalten, so wie sie sich immer an ihn und seine Kindheit erinnert hatte, ohne diese Kartons unter ihrem Bett jemals zu öffnen. Sie brauchte keine 25 Jahre alten Schulunterlagen, um sich an ihren Sohn zu erinnern. Genauso wenig, wie ihr Sohn einen vollgestopften Lagerraum brauchte, um sich an seine Mutter zu erinnern.

Also bestellte Joshua den Transporter wieder ab. In den nächsten zwölf Tagen spendete er fast alle ihre Besitztümer an Einrichtungen und Menschen, die sie wirklich brauchen konnten. Natürlich war es schwer, sich von den persönlichen Dingen seiner Mutter zu trennen, aber Joshua konnte dabei auch einige Erkenntnisse gewinnen.

JOSHUAS ERKENNTNISSE BEIM AUFRÄUMEN

◇ Wir sind nicht unsere materiellen Dinge.

◇ Wir sind mehr als unsere Besitztümer.

◇ Unsere Erinnerungen sind in uns, nicht in unseren Dingen.

◇ Unsere materiellen Dinge belasten uns seelisch und emotional.

◇ Alte Fotos kann man einscannen.

◇ Wir können zur Erinnerung Fotos von bestimmten Dingen machen.

◇ Die Gegenstände, an denen unser Herz hängt, können andere oftmals dringend brauchen.

◇ Loslassen schafft Freiraum.

NICHTS IST FALSCH AN DEN TAUSEND DINGEN

Wir denken nicht, dass Erinnerungsstücke schlecht oder böse sind oder dass es grundlegend falsch ist, an ihnen festzuhalten. Vielmehr sind wir der Meinung, dass die böswillige Natur von Erinnerungsstücken weitaus subtiler ist. Wenn wir uns eigentlich von einem Teil trennen möchten, aber aus sentimentalen Gründen daran festhalten, dann fängt es an, uns zu belasten.

Das bedeutet nicht, dass Sie sich gleich von allem trennen sollten. Aber von diesen Ankern, die Sie am Vorankommen hindern.

Es wird zu einem Anker, der uns fixiert. Dann ist es möglicherweise Zeit, sich davon zu trennen. Möglicherweise ist es Zeit, sich selbst von dieser Last zu befreien.

Nach und nach befreiten wir beide uns von vielen unserer großen und kleinen Anker. Dabei suchten wir nach Möglichkeiten, dies so effizient wie möglich zu gestalten. Wir suchten nach Beispielen von Menschen, die ihre Ängste überwunden hatten, die sich von ihren Ankern befreit und begonnen hatten, ein Leben mit mehr Leicht-Sinn zu leben. Und so stießen wir auf die Konzepte des Minimalismus.

DEN MINIMALISMUS ENTDECKEN

Ende 2009, kurz nach dem Tod von Joshuas Mutter, war seine Ehe gescheitert und er litt ebenso wie Ryan unter der aktuellen Arbeitssituation. Da entdeckte Joshua die Website Exile Lifestyle (exilelifestyle.com), entwickelt von einem gewissen Colin Wright. Unsere Neugier war geweckt. Dieser junge Unternehmer mit gerade einmal 24 Jahren lebte ein unglaubliches Leben – ein scheinbar unmögliches Leben. Er hatte seinen hochbezahlten Job gekündigt, um seinen Leidenschaften nachzugehen: die Welt zu bereisen und seine Geschäfte von unterwegs abzuwickeln. Auf seiner Website – er nannte sie Blog, ein Begriff, der uns damals komplett neu war – dokumentierte er seine Reisen und ließ Tausende von Lesern daran teilnehmen: Sie stimmten ab, wohin er als Nächstes reisen sollte.

Wir waren überrascht, dass dieser Typ alles aufgegeben hatte, um alle vier Monate in ein anderes Land zu reisen. Nicht, dass wir selbst nicht auch gern ausgiebigst gereist wären (auch wenn wir es nicht in die Realität umgesetzt haben), aber wir wollten vor allem die Freiheit haben, unseren wahren Leidenschaften nachzugehen. Und die lagen, wie wir festgestellt hatten, nicht in unserem aktuellen Job.

Colin verwendete auch einen Begriff, den wir nicht kannten: Er bezeichnete sich als Minimalist. Auf seiner Website schrieb er darüber, wie er sich mithilfe einer Bewegung namens Minimalismus auf die wichtigen Dinge in seinem Leben konzentrieren und sich von allen überflüssigen Dingen trennen konnte, die ihn dabei behinderten. Das war faszinierend. Es schien, als ob jemand einen Scheinwerfer eingeschaltet hätte und uns ein Werkzeug vorstellte, mit dem wir durch das ganze Gerümpel in unserem Leben hindurch zum wesentlichen Kern vordringen konnten. Da er ständig unterwegs war, besaß Colin damals nur 72 Dinge, von denen es Fotos auf seiner Website gab und die alle in seine Reisetasche passten. Am meisten aber beeindruckte uns Colins Zufriedenheit: Er strahlte Glück, Begeisterung und Leidenschaft aus. Er liebte sein Leben.

Obwohl wir Colin sehr respektieren, wollten wir nicht so leben wie er. Wir wollen nicht um die Welt reisen oder uns mit weniger als 100 Dingen umgeben. Aber wir wollten diese Freiheit, die ihm die minimalistische Lebensweise gab, und wir wollten das Glück und die Leidenschaft, die mit dieser Freiheit einhergingen. Und so waren wir 2010 in den ersten sechs Monaten damit beschäftigt, nach und nach unsere Anker zu lösen und Colins Reise durch die Welt zu verfolgen.

Aber wir hatten auch Zweifel. Mit unseren 30 Jahren waren wir vielleicht schon zu alt und zu bodenständig, um zu Minimalisten zu werden. Vielleicht war dieses Minimalismus-Ding eher etwas für junge Leute ohne viel Besitz. Für Leute, die ausgedehnte Reisen unternehmen wollten.

Wir stellten fest, dass auch das nicht stimmte.

WEITERE VERTRETER DIESER FÜR UNS NEUEN SPEZIES: MINIMALISTEN

Über Colin stießen wir auf zwei weitere Minimalisten, die uns in vielem ähnelten: Leo Babauta und Joshua Becker. Die Geschichte von Leo Babauta, Gründer der englischsprachigen Website Zen Habits (zenhabits.net), sprach uns sofort an. Er war geschieden, Mitte dreißig und hatte auf dem Weg in ein sinnerfüllteres Leben unzählige Schwierigkeiten überwunden. Mithilfe des Minimalismus erleichterte er sein Leben und hatte in nur wenigen Jahren einige erstaunliche Leistungen vollbracht: Er hatte mit dem Rauchen aufgehört, 35 Kilo abgenommen, war in der besten Form seines Lebens, befreite sich von seinem Schuldenberg, zog von Guam nach San Francisco, gab seinen Job in einer Firma auf und war trotz alldem in der Lage, für seine Frau und seine sechs Kinder zu sorgen.

Auch der Mittdreißiger Joshua Becker aus Vermont, verheiratet und Vater von zwei Kindern, befreite sein Familienleben mithilfe des Minimalismus von allem Überflüssigen, behielt aber seinen Job bei der Ortskirche und brachte anderen Menschen über seine englischsprachige Website Becoming Minimalist (becomingminimalist.com) den Minimalismus näher. Minimalismus richtet sich an alle, die an einem einfacheren, bewussteren Leben interessiert sind. An Menschen, die sich auf die wichtigen Aspekte im Leben konzentrieren wollen statt auf den materiellen Besitz, der in unserem Kulturkreis so stark mit Erfolg und Glück verknüpft ist.

Leo Babauta und Joshua Becker waren der Beweis, dass Minimalismus nicht nur etwas für alleinstehende Typen war, die keine Lust auf einen geregelten Job hatten.

Auf unserer, einige Zeit später entwickelten, eigenen Website gibt es eine nicht ganz ernst gemeinte Seite zur Definition von Minimalismus, mit der wir Zyniker und Skeptiker ein wenig auf die Schippe nehmen, die Minimalismus nur als Trend oder Modeerscheinung betrachten.

UNSERE DEFINITION DES MINIMALISMUS

Wenn du ein Minimalist sein willst, musst du mit weniger als 100 Dingen leben und darfst weder Auto noch Haus oder Fernseher besitzen. Du hast keinen Job und musst in der Lage sein, an exotischen Orten auf der ganzen Welt zu leben. Du musst einen Blog schreiben, darfst keine Kinder haben und solltest ein junger Mann aus privilegierten Verhältnissen sein...

Schon gut, wir machen nur Spaß. Aber diejenigen, die den Minimalismus als Modeerscheinung abtun, führen für gewöhnlich einige dieser »Einschränkungen« an, weswegen sie nie ein Minimalist sein könnten.

In Wahrheit aber geht es beim Minimalismus überhaupt nicht um die genannten Eigenschaften. Wenn Sie es unbedingt wollen, können Sie sich natürlich einige davon mithilfe des Minimalismus aneignen. Wenn Sie mit weniger als 100 Dingen leben oder kein Auto besitzen oder um die Welt reisen wollen, kann Ihnen der Minimalismus dabei helfen.

Aber darum geht es nicht.

Es geht darum, dass Minimalismus ein Werkzeug ist, das Ihnen hilft, Freiheit für sich zu schaffen. Die Freiheit, ohne Angst, ohne Sorgen, ohne Überforderung, ohne Schuldgefühl, ohne Depression, ohne Versklavung zu leben. Es geht um Freiheit. Echte Freiheit.

Ein Minimalist kann sehr wohl ein Auto und ein Haus besitzen. Er kann Kinder und einen festen Job haben. Minimalismus sieht für jeden anders aus, denn es geht darum, was für Sie das Wichtigste im Leben ist. Es gibt unzählige erfolgreiche Minimalisten, die Auto, Haus, Familie und/oder Job haben (eine entsprechende Liste finden Sie unter minimalists.com/links, auf Englisch). Wie können diese Menschen so verschieden und trotzdem alle Minimalisten sein? Das bringt uns zurück zu unserer Ausgangsfrage: Was ist Minimalismus?

Minimalismus ist ein Werkzeug, das uns hilft, ein sinnerfülltes Leben zu leben. Es gibt keine Regeln. Beim Minimalismus geht es vielmehr darum, sich von unnötigen Dingen im Leben zu befreien, um sich auf das wirklich Wichtige konzentrieren zu können. Minimalismus hilft uns, uns von Dingen zu trennen, damit wir uns auf die wichtigen Dinge im Leben konzentrieren können – und das sind nicht die materiellen Dinge.

Wie hat uns der Minimalismus geholfen? Es ist eine Lebensart. Minimalisten trennen sich bewusst von allem Überflüssigen und konzentrieren sich nur auf das, was wirklich wichtig ist. Was das ist, entscheiden Sie. Minimalisten finden ihr Glück nicht mithilfe von Dingen, sondern durch das Leben an sich. Sie bestimmen, was in ihrem Leben notwendig und was überflüssig ist. Die ersten Schritte sind nicht einfach, aber mit jedem Schritt wird der Weg leichter. Die ersten Schritte in den Minimalismus erfordern oftmals radikale Änderungen im Denken, Handeln und in den Gewohnheiten.

In diesem Buch erhalten Sie einige Anregungen, wie Sie die für Sie wichtigen Dinge ermitteln und ein minimalistisches Leben ohne strenge Vorschriften oder dogmatische Regeln führen können.

In einem Satz zusammengefasst würden wir es so ausdrücken: Minimalismus ist ein Werkzeug, um Überflüssiges im Leben abzulegen, sich auf das Wesentliche zu konzentrieren und Glück, Erfüllung und Freiheit zu finden.

WOBEI DER MINIMALISMUS UNS GEHOLFEN HAT

◇ Wieder selbst über unsere Zeit zu entscheiden

◇ Uns von überflüssigen Dingen zu befreien

◇ Spaß am Leben zu haben

◇ Sinn in unserem Leben zu entdecken

◇ Im Augenblick zu leben

◇ Uns auf das Wichtige zu konzentrieren

◇ Unsere Leidenschaften auszuleben

◇ Glück zu finden

◇ Alles zu tun, was wir wollen

◇ Unsere Berufung zu finden

◇ Mehr selbst zu machen, weniger zu konsumieren

◇ Freiheit zu erleben

DEN MINIMALISMUS LEBEN

Wir entdeckten den Minimalismus, als sich unser Leben in einer endlos scheinenden Abwärtsspirale befand. Er war wie ein Licht am Ende des Tunnels. Fieberhaft durchforsteten wir das Internet nach weiteren Informationen und Anleitungen, wir sahen und lernten und wir versuchten, zu verstehen, worum es beim Minimalismus im Kern ging. Durch monatelanges Recherchieren und gleichzeitiges Lösen unserer Anker drangen wir immer tiefer in die Materie ein und stießen im Laufe der Zeit auf eine Gruppe von Menschen ohne viele Besitztümer, aber mit unglaublich viel Glück, Leidenschaft und Freiheit. Dinge, die wir so verzweifelt herbeisehnten.

GLÜCK IST FÜR ALLE MÖGLICH

Schließlich übernahmen wir die Konzepte des Minimalismus in unser Leben und stellten fest, dass auch wir glücklich sein können. Aber eben nicht durch das Anhäufen von noch mehr unnötigen Dingen. Wir übernahmen wieder die Kontrolle über unser Leben, damit wir uns auf die wichtigen Dinge, auf den tieferen Sinn im Leben konzentrieren konnten. Wir sind der Auffassung, dass Glück von innen heraus durch ein sinnerfülltes Leben erreicht wird. Ein Leben voller Leidenschaft und Freiheit, ein Leben, in dem wir uns sinnvoll weiterentwickeln und anderen helfen können. Auf diesen Pfeilern beruht Glück. Und nicht auf materiellen Dingen.

Bis zum Sommer 2010 hatten wir keinerlei Absichten, im Internet Sachtexte zu schreiben oder gar eine Website über den Minimalismus zu veröffentlichen. Aber dann traf Joshua im Juni fast zufällig Colin Wright auf einer Reise nach New York. Dieses Treffen bestätigte unseren Eindruck von Colin: Seine Persönlichkeit war unverkennbar. Er strahlte so viel Glück und Zufriedenheit aus – Qualitäten, die für Joshua als unzufriedenen Mann Ende zwanzig, der ausschließlich für seine Arbeit lebte, unmöglich zu erreichen schien.

Joshua und Colin trafen sich, nachdem sie sich über Twitter vernetzt hatten. Seit er 20 Jahre alt war, hatte Joshua in jeder freien Minute außerhalb der Arbeitszeit Romane geschrieben. Er wusste, dass Colin seinen Lebensunterhalt damit verdiente, sein eigenes Material zu veröffentlichen, also wollte er ihn zum Thema Eigenveröffentlichung befragen. Sie trafen sich zum Mittagessen und Colin ermutigte Joshua, seine Texte auf einem unkonventionellen Weg

Unser Leben hat der Minimalismus vom Kopf auf die Füße gestellt. Und auch Sie können zum Wesentlichen und wirklich Wichtigen für Sie vordringen.

zu veröffentlichen und nannte verschiedene Quellen, die später hilfreich waren (siehe asymmetrical.co/how-to for a list of resources, auf Englisch). Nach ihrem ersten Treffen blieben sie in Kontakt und arbeiteten schließlich gemeinsam an verschiedenen Projekten, darunter an Colins Memoiren »My Exile Lifestyle« und Joshuas Roman »As a Decade Fades«.

Während ihres ersten Treffens sagte Colin etwas, das Joshua fest im Gedächtnis blieb. Joshua notierte diese Worte in seinem Tagebuch. Sie klangen noch lange nach dem Treffen nach. Und sie waren für uns der Anstoß, The Minimalists zu gründen. Wir wollten mit unserer Website zweierlei erreichen: unseren eigenen Weg hin zum Minimalismus dokumentieren und anderen Menschen helfen, auf Grundlage des Minimalismus ein sinnerfüllteres Leben zu leben.

WICHTIGE WORTE FÜR JOSHUA

◇ »Du solltest was im Internet machen. Du könntest etwas bewirken.«

◇ »Die Welt braucht Menschen wie dich. Menschen, die den anderen helfen, die Dinge klar zu sehen und sinnvoll zu verändern.«

Im November 2010 begannen wir mit der Erstellung der Site und erkannten schnell, dass wir beide keine Ahnung davon hatten. Wir kannten uns überhaupt nicht mit HTML, mit dem Bloggen und mit dem Schreiben von Sachtexten fürs Internet aus. Zwar hatte Joshua Erfahrung im Schreiben von Prosa, was für das reine Schreiben der Texte hilfreich war, aber vom Rest hatten wir keinen Schimmer. Also unternahmen wir umfangreiche Recherchen und schafften es schließlich wirklich, unsere Site in sechs Wochen aufzubauen. Wir arbeiteten intensiv bis zur letzten Minute (einen genaueren Einblick in diesen Prozess liefert unser Essay »How to Start a Successful Blog« unter minimalists.com/blog, auf Englisch). Am 14. Dezember 2010 ging unsere Website The-Minimalists.com offiziell online.

ALLES WURDE VÖLLIG ANDERS

Da waren wir also: zwei Managertypen mit Anzug und Krawatte, die sich Rat von Milleniums-Bloggern holten. Wir hatten eine Website veröffentlicht, unseren gesamten Weg hin zum

Minimalismus dokumentiert und begonnen, wöchentlich einige Essays für die Site zu schreiben. Es vergingen einige Wochen voller unerwarteter Begeisterung – und unser Leben änderte sich innerhalb von neun Monaten nach dem Start unserer Website komplett. Im Internet trafen wir einige der wunderbarsten Menschen. Aus diesen Online-Bekanntschaften wurden echte Freundschaften, darunter mit dem bereits erwähnten Leo Babauta, mit Joshua Becker und unzähligen anderen wie Julien Smith, Chris Guillebeau und Courtney Carver. Mit der Hilfe dieser außergewöhnlichen Menschen sowie unserer kleinen Schar an Erstlesern, die unsere Essays unermüdlich teilten, hatten wir innerhalb von neun Monaten über 100 000 Leser im Monat. Bis zu diesem Zeitpunkt hatten die Leute über 11 000 Stunden monatlich auf unserer Site verbracht. Wir wurden auf bekannten Websites überall im Internet vorgestellt. Wir erhielten die unglaublichsten E-Mails darüber, wie wir mit unseren Essays das Leben der Menschen verändert hatten. Als Folge kündigten wir unsere Bürojobs und begannen, uns ganz und gar darauf zu konzentrieren, ein sinnerfüllteres Leben zu leben.

Weitere Informationen zu unserem Ausstieg aus der Unternehmenswelt finden Sie in Kapitel 7 unserer Memoiren »Everything That Remains« und in Joshuas Essay »Why I Walked Away from My Six-Figure Career« unter minimalists.com/quit (auf Englisch).

EIN SINNERFÜLLTES LEBEN

Das war tatsächlich unser wesentliches Motto: ein sinnerfülltes Leben leben. Aber was bedeutet das eigentlich konkret? Allgemein sprechen wir von Minimalismus als einem Werkzeug, mit dessen Hilfe wir zu einem solchen Leben gefunden haben. Es ist also wichtig, dass wir genauer erklären, was das bedeutet.

Nach unzähligen Überlegungen, Beratungen, Diskussionen, Recherchen und auch Selbstversuchen haben wir diese fünf Werte ausgearbeitet, die uns ermöglichen, ein sinnerfüllteres Leben zu führen. Und um genau diese Werte geht es in diesem Buch – jedem ist eines der folgenden Hauptkapitel gewidmet:

1. Gesundheit

2. Beziehungen

3. Leidenschaften

4. Weiterentwicklung

5. Soziales Engagement

Es dauerte durchaus einige Monate, die Anker aus unserem Leben zu entfernen und all die unnötigen Dinge loszuwerden, die uns bislang umgeben hatten. Aber nur so konnten wir unsere neuen fünf Werte freilegen. Wir stießen jedoch nicht zufällig darauf, sondern fanden durch Ausprobieren heraus, was in unserem Leben am wichtigsten ist. Genau dabei half uns der Minimalismus. Im Alter von 28 erschien uns alles in unserem Leben diffus und sinnlos. Wir hatten alles, was wir den Erwartungen zufolge haben sollten, alles, was unsere Kultur als glücksbringend anpries – und dennoch waren wir nicht glücklich. Schlimmer noch: Wir waren an einem Punkt angekommen, an dem wir nicht mehr wussten, was überhaupt wichtig war.

Indem wir uns von den überflüssigen Dingen in unserem Leben trennten, konnten wir diese fünf Werte für uns entdecken. Der Verzicht auf viele materielle Güter war der erste Schritt in ein sinnerfüllteres Leben.

NUTZEN SIE DIESES BUCH, UM IHR LEBEN ZU VERWANDELN!

Nach monatelanger intensiver Dokumentation kristallisierten sich also die fünf Werte als die Bereiche heraus, die wir in unserem Leben geändert hatten und die den größten positiven Effekt hatten und zu mehr Zufriedenheit führten. In den folgenden fünf Kapiteln gehen wir ausführlich auf diese einzelnen Konzepte ein – ausführlicher, als es auf unserer Website möglich ist. In diesen Kapiteln erläutern wir, warum diese fünf Werte die wichtigsten Bereiche in unserem Leben sind und wie wir uns mithilfe des Minimalismus auf diese Werte konzentrieren konnten. In persönlichen Beispielen zeigen wir auf, wie wir unser Leben in allen fünf Bereichen komplett verändert haben und wie auch Sie dies tun können.

Im letzten Kapitel »Zusammenschluss« werden diese fünf Werte miteinander verbunden und wir stellen Ihnen einige wichtige Fragen zu Ihrem Leben. Diese Fragen sind nicht rhetorisch gemeint, sondern sollen Sie zum Nachdenken anregen, dazu, dass Sie sich Notizen machen und sich Listen erstellen. Und wie wir bereits im Vorwort gesagt haben: Wir ermutigen Sie, sich aktiv auf alle Kapitel einzulassen, indem Sie sie mehrmals lesen,sich Notizen an den Rand schreiben, hilfreiche Passagen markieren, eigene Listen erstellen und vor allem aktiv werden.

IHR WEG ZUM MINIMALISTEN

Dieses Buch möchte Sie gern zu kleinen täglichen Aktionen veranlassen, die Ihr Leben mit der Zeit grundlegend verbessern werden.

Von unserer Seite aus kann es nach dieser kurzen Vorgeschichte jetzt losgehen. Sind Sie bereit?

GESUNDHEIT

Gesundheit ist der wichtigste
der fünf Werte des Minimalismus.
Das glauben Sie nicht?
Sehen Sie selbst.

WAS GESUNDSEIN BEDEUTET

Warum ist Gesundheit so wichtig? Stellen Sie sich vor, Sie gewinnen im Lotto, finden den perfekten Partner, begleichen sämtliche Schulden, ziehen in Ihr Traumhaus (natürlich am Meer) und müssen nie wieder arbeiten. Und jetzt stellen Sie sich vor, Sie wachen eines Morgens mit quälenden Magenschmerzen auf. Sie verlassen Ihr Traumhaus am Strand, fahren in Ihrem Luxusauto zu Ihrer Ärztin, lassen sich untersuchen und warten auf den Befund. »Es tut mir sehr leid, Ihnen bleibt weniger als ein Monat«, sagt diese. »Und ab morgen sind Sie wahrscheinlich nicht mehr in der Lage, das Bett zu verlassen.«

Was für eine schmerzhafte Vorstellung! Jetzt haben Sie endlich »alles, was Sie immer wollten«, aber Ihre rasant schwindende Gesundheit hat Ihnen alles wieder genommen. Ihr ganzer materieller Besitz kann Ihnen nicht weiterhelfen. Ohne Ihre Gesundheit können Sie sich selbst an den einfachsten Dingen des Lebens nicht erfreuen.

GESUNDHEIT DEFINIEREN

Wir sind keine Gesundheitsexperten. In diesem Buch geht es nicht um Ernährung und nicht um Sport. Zwar könnte man am Ende dieses Kapitels diesen Eindruck gewinnen, aber wir versichern Ihnen: Darum geht es uns nicht. Vielmehr sind wir der Meinung, dass Ihre Gesundheit der beste Ausgangspunkt für den Weg in ein sinnvolleres Leben ist. Sie sollen Freude am Leben haben und eine gesunde Lebensweise liefert Ihnen dazu die optimalen Bedingungen. Alles in diesem Kapitel basiert auf unseren eigenen Erfahrungen in Sachen Abnehmen, Sport, Ernährungsumstellung und veränderte Lebensweise, die uns und anderen halfen, ein sinnerfüllteres Leben zu leben.

In diesem Buch beziehen wir uns auf die physische Gesundheit, wenn wir von Gesundheit reden, obwohl uns natürlich bewusst ist, dass sich Gesundheit nicht nur auf das rein Körperliche beschränkt: emotionale Gesundheit, seelische Gesundheit, spirituelle Gesundheit und finanzielle Gesundheit gehören zu einem umfassenden Konzept von Gesundheit und stellen wichtige Aspekte zur Bereicherung Ihres Lebens dar. Wir behandeln diese Dinge nicht direkt in diesem Buch, besprechen sie aber ausführlich auf unserer Website – bei Interesse siehe minimalists.com/understanding (emotionale Gesundheit), minimalists.com/dan (mentale Gesundheit), minimalists.com/sam (spirituelle Gesundheit) und minimalists.com/freedom (finanzielle Gesundheit), alle auf Englisch.

GESUNDHEIT IST KEIN ENDERGEBNIS

Wir haben oft eine fehlgeleitete, binäre Sicht von körperlicher Gesundheit. Ein typisches Beispiel: Eine Leserin nahm Anstoß an einem der elf Anzeichen aus unserem Essay »11 Signs You Might Be Broke« (minimalists.com/broke, auf Englisch). Ihr gefiel nicht, was wir über Gesundheit geschrieben hatten, und meinte: »Normalerweise bin ich ein großer Fan von Ihnen, aber dieser Artikel hat mich wirklich verärgert, weil er recht voreingenommen gegenüber Kranken klingt. ... Der Artikel wäre besser gewesen, wenn Sie sich auf zehn Punkte beschränkt hätten.«

Sie wollte, dass wir die Gesundheit herausnehmen. Aber, liebe Leserin, Gesundheit ist der wichtigste Aspekt des gesamten Artikels! Ohne Gesundheit haben wir nichts. Obwohl Gesundheit natürlich individuell verschiedene Bedeutungen haben kann. Persönliche Gesundheit ist zwangsläufig persönlich.

Die Aussage in besagtem Essay »ungesund = depressiv« suggeriert nicht, dass wir unsere persönliche Gesundheit mit der Gesundheit anderer vergleichen sollten (Vergleiche sind oft ungesund und sollten vermieden werden). Und sie ist ganz sicher nicht wertend gegenüber Kranken gemeint. Wir alle wollen uns schließlich entsprechend unseren individuellen Umständen bester Gesundheit erfreuen.

Nehmen wir ein Beispiel: Vor 20 Jahren brach sich Joshua in der achten Klasse beim Basketballspielen den Rücken. Bis heute ist seine Wirbelsäule nicht verheilt, was zum einen schmerzhaft ist und zum anderen seine Bewegungsfreiheit im Vergleich zu einem Turner, einem Sportler oder einem durchschnittlichen Mann Mitte dreißig erheblich einschränkt. Manchmal kann er sich kaum die Schuhe anziehen.

Das bedeutet aber nicht, dass Joshua nicht weiterhin versuchen kann, so gesund so leben, wie es ihm unter diesen Umständen möglich ist. In diesem Sinne ist Gesundheit eine individuelle Ansichtssache. Wenn wir also glücklich sein wollen, müssen wir alles daran setzen, so gesund wie möglich zu sein, mit allen Knochenbrüchen, Krankheiten, Warzen und so weiter. Das Internet ist voll mit leuchtenden Beispielen von Menschen mit Krankheiten, Behinderungen und gebrochenen Rücken, die ein sinnerfülltes Leben führen, da sie so gesund leben, wie es ihre individuelle Situation erlaubt.

Wenn wir hier von Gesundheit sprechen, meinen wir damit übrigens auch keine definierte Muskelmasse oder verbesserte Statistiken oder den erfolgreichen Wettbewerb mit anderen. Das sind alles Endergebnisse. Aber Gesundheit ist kein Endergebnis, sie ist ein Vehikel.

Joshua wird mit seinem kaputten Rücken (ganz zu schweigen von seinem mittelmäßigen Talent) wohl nie ein Profi-Basketballer werden, aber das heißt nicht, dass er sich besiegt, unbrauchbar oder gebrochen fühlen muss. Nein, es bedeutet, dass er sein Vehikel pflegen und regelmäßig warten sollte, um seinen weiteren Weg besser genießen zu können. Dazu gehören für ihn tägliches Dehnen, regelmäßiger Sport, gelegentliche Besuche beim Chiropraktiker, eine gute Ernährung, ausreichend Schlaf und tägliches Meditieren.

DIE HAUPTZUTATEN

Im Grunde brauchen Sie für ein gesundes Leben zwei Hauptzutaten: Nahrung und körperliche Bewegung. Mit anderen Worten geht es darum, was Sie Ihrem Körper zuführen und was Sie mit Ihrem Körper anstellen.

Das mag jetzt allzu simpel klingen und auf den ersten Blick ist es das auch, aber die beiden Faktoren, die Ihre physische Gesundheit am meisten beeinflussen, sind im Grunde Ihre Ernährung und Ihre körperliche Bewegung. Uns ist klar, dass Sie das bereits wissen, zumindest vom Kopf her. Aber dieses Kapitel soll Ihnen helfen, es auch emotional zu spüren. Und es will Ihnen einfache Hilfsmittel an die Hand geben, mit denen Sie Ihre Gesundheit verbessern können.

SICH BESSER FÜHLEN

Der Wunsch, seine Gesundheit zu verbessern, hat wenig damit zu tun, besser auszusehen. Diesen Aspekt meinen wir nicht, wenn wir davon reden, gesünder zu werden oder ein gesundes Leben zu leben. Obwohl jemand, der beginnt, gesünder zu leben, in fast 100 Prozent der Fälle auch praktisch sofort besser aussieht – eine fantastische Nebenerscheinung. Uns geht es vielmehr darum, wie Sie sich fühlen. Wir möchten, dass Sie sich besser fühlen. Uns geht es also nicht um vorzeigbare Muskeln oder darum, dass Sie besonders knackig sind, sondern darum, wie Sie sich fühlen. Ein besseres Aussehen ist ein netter Nebeneffekt, der im Wesentlichen gegeben ist, sobald Sie sich besser fühlen.

DAS A UND O

Wir wissen, dass Sie alle anderen Facetten Ihres Lebens ebenfalls besser genießen können, wenn Sie sich besser fühlen.

WAS SIE IHREM KÖRPER ZUFÜHREN

In den folgenden Abschnitten sprechen wir allgemein von Ernährung im Sinne von Ernährungsgewohnheiten. Es geht also um eine Veränderung Ihrer täglichen Nahrungsaufnahme. Wir verwenden den Begriff Ernährung nicht im Sinne von vorgeschriebenen Mahlzeiten, um ein bestimmtes Wunschgewicht zu erreichen, zum Beispiel 15 Kilo in 30 Tagen abzunehmen. Eine Veränderung der Ernährungsgewohnheiten bedeutet nicht nur, anders zu essen, sondern auch eine veränderte gedankliche Einstellung zu dem, was Sie essen. Eine vorübergehende Diät schlägt fast immer fehl – wenn Sie danach wieder zu Ihren alten Ernährungsgewohnheiten zurückkehren, bleibt alles beim Alten. Eine veränderte Lebensweise hingegen kann definitionsgemäß nicht fehlschlagen, solange Sie keine negative Änderung vornehmen, sondern eine positive.

Zudem möchten wir anmerken, dass es kein alleingültiges, ideales Ernährungsmodell für ein gesünderes Leben gibt. Das frustriert manche, da es so viel einfacher ist, wenn man gesagt bekommt, was man essen soll. Es ist viel leichter, strengen Vorgaben zu folgen, von denen man nicht abweichen darf.

Unser Schwerpunkt in den nächsten Abschnitten liegt auf der Nahrung (gefolgt von einigen Abschnitten zum Thema körperliche Bewegung), aber die Überschrift bezieht sich absichtlich nicht allein auf Nahrung, weil das, was Sie Ihrem Körper zuführen, mehr beinhaltet als

Strenge, detaillierte Vorgaben gibt es hier nicht. Lassen Sie sich stattdessen anregen, Ihren eigenen Weg zu finden.

nur Ihr Essen und Ihre Getränke. Es ist wichtig, sich all der vielen Dinge bewusst zu sein, die Ihrem Körper einverleibt werden: alles, was Sie essen, neben der Nahrung also auch Medikamente, sowie alles, was dem Körper auf andere Art zugeführt wird (zum Beispiel über die Haut).

Noch einmal: Der Wunsch hier ist nicht, abzunehmen oder besser auszusehen. Der Wunsch ist, ein gesünderes Leben zu leben und sich besser zu fühlen.

ZU VERMEIDENDE NAHRUNGSMITTEL

Hinsichtlich der Nahrungsmittel, die Sie zu sich nehmen, und ungeachtet Ihrer individuellen Ernährungsbedürfnisse gibt es bestimmte Nahrungsmittel, die Sie komplett aus Ihrem Ernährungsplan streichen sollten, wenn Sie sich besser fühlen wollen. Das gilt für jeden Menschen.

Verarbeitete und abgepackte Nahrungsmittel

Unsere Nahrungsmittel sollten so frisch und so wenig verarbeitet wie möglich sein. Die Zusatzstoffe und Konservierungsmittel in abgepackten Nahrungsmitteln liefern Ihrer Ernährung keinen weiteren Nährwert, dafür können die chemischen Substanzen in einigen dieser Nahrungsmittel Ihre Gesundheit aber langfristig in mehrfacher Hinsicht schädigen.

Zucker

Dazu gehören sämtliche Zuckervarianten (auch Rohrzucker, Rohzucker und so weiter) sowie alle Süßigkeiten (Cola, Kuchen, Bonbons und so weiter).

DRASTISCH REDUZIEREN ODER STREICHEN

Dieser Teil – das sagen wir gleich zu Beginn geradeheraus – ist
für gewöhnlich am schwierigsten, da es einfacher ist, zu fasten,
als bewusst auf eine gesunde Ernährung zu achten. Folglich ist es
leichter, bestimmte Nahrungsmittel komplett vom Ernährungsplan zu streichen (Das darf ich nicht essen!), als die Aufnahme
eines bestimmten Nahrungsmittels zu reduzieren (Ach, noch ein
Teller Nudeln wird mich schon nicht umbringen!). Eine solche
Einstellung macht die Reduktion bestimmter Nahrungsmittel zu
einer heiklen Angelegenheit und oft werden sie später doch wieder regelmäßig verzehrt.

Uns ist bewusst, dass es unter Umständen nicht ideal ist,
die folgenden Nahrungsmittel komplett zu streichen. Aber Sie
sollten sie testweise komplett vermeiden – nur für eine Dauer
von zehn Tagen (zehn Tage lang ist alles machbar, oder?). Wenn
es gar nicht anders geht, können Sie sie anschließend wieder in
kleinen Mengen zu sich nehmen.

Gluten, Brot und Nudeln

Viele Menschen sind allergisch gegen Gluten oder reagieren empfindlich darauf, ohne es zu wissen. 2008 stellte Joshua
nach diversen Magenproblemen, die immer schlimmer wurden,
fest, dass es bei ihm genauso war. Sein Arzt diagnostizierte eine
Glutenallergie und nachdem Joshua die entsprechenden Getreide von seinem Ernährungsplan gestrichen hatte, fühlte er
sich bedeutend besser.

Zudem nehmen wir über Brot und Nudeln (auch die gluten-
freien Varianten) unnötige Kohlenhydrate und Zucker zu uns,
was zu Gewichtszunahmen führen kann. Brot und Nudeln sind
verarbeitete Nahrungsmittel, die unser Körper oft nur schwer
verdauen kann. Wir beide bevorzugen stattdessen kleinere Por-
tionen Reis.

Alle Getränke außer Wasser

Kaffee, koffeinhaltiger Tee, kohlensäurehaltiges Wasser, Saft in Flaschen – alles kein Wasser. Die meisten dieser Getränke enthalten nur unnötige Kalorien und löschen kaum den Durst.

Milchprodukte

Sie müssen kein Veganer sein oder werden, um ein gesünderes Leben zu leben. Wir beide nehmen zum Beispiel täglich kleine Mengen an Milchprodukten zu uns, haben aber unseren Konsum drastisch reduziert. Stellen Sie sich einmal folgende Fragen: Warum sind wir Menschen die einzigen Lebewesen, die sich von der Muttermilch eines anderen Lebewesens ernähren? Meinen Sie, das menschliche Verdauungssystem ist auf die Verdauung von Kuhmilch ausgelegt? Können Sie zehn Tage lang auf Milchprodukte verzichten und einen Unterschied feststellen?

Fleisch

Dieses Thema ist umstritten. Vor einigen Jahren hörten wir probeweise auf, Fleisch zu essen, und stellten phänomenale Ergebnisse fest. Seitdem essen wir kein Fleisch mehr, dafür aber weiterhin Fisch, worauf wir nachfolgend noch eingehen. Der beste Rat, den wir Ihnen geben können, ist: Machen Sie einen Selbstversuch. Verzichten Sie mindestens zehn Tage lang auf Fleisch und achten Sie auf den Unterschied. Dann entscheiden Sie, wie Sie weitermachen wollen.

ALTERNATIVE NAHRUNGSMITTEL

Wir ersetzen die Nahrungsmittel, die wir reduziert oder gestrichen haben, durch gesündere Alternativen, die uns schmecken. So wird die Ernährung ausgewogen und individuell.

Wasser

Wir empfehlen, täglich mindestens zwei bis drei Liter Wasser ohne Kohlensäure zu trinken. Die Umgewöhnung mag etwas dauern, aber bald ist es das Selbstverständlichste von der Welt und Sie möchten gar nichts anderes mehr.

Green Drinks

Sie brauchen einen kleinen Energieschub? Sie essen am Tag nicht genug Gemüse? Gönnen Sie sich einen Green Drink. Wir mögen das Amazing Grass Green Superfood, da es viele wichtige Vitamine und Nährstoffe für den Tag enthält. Lösen Sie einfach ein bis zwei Esslöffel in 0,3 Liter Wasser auf und spüren Sie den Unterschied. Sie werden sich sofort energiegeladener und vitaler fühlen. Wir trinken das Amazing Grass Green Superfood mindestens zweimal täglich. Green Drinks dämpfen auch das Hungergefühl und verhindern, dass Sie zu viel essen.

Frische Smoothies

Legen Sie sich einen leistungsstarken Mixer zu (zum Beispiel von NutriBullet®) und verwenden Sie ihn täglich. Ein guter Mixer stellt sicher, dass Sie reichliche Mengen an Kohl, Spinat und anderen nährstoffreichen Gemüsesorten zu sich nehmen.

Zu teuer? Verkaufen Sie Ihre überflüssigen Dinge und kaufen Sie sich von dem Geld einen solchen Mixer. Wir sind überzeugt, dass er Ihrem Leben mehr Nutzen bringt als die ganzen anderen Geräte, die unbenutzt im Schrank stehen.

Gemüse

Gemüse ist kalorienarm und reich an Vitaminen und Nährstoffen. Essen Sie so viel nicht stärkehaltiges Gemüse, wie Sie wollen. Es tut Ihnen gut.

Obst

Beim Obst wird es schwierig. Es ist gesund und steckt voller wichtiger Vitamine, Säuren und Wasser – aber es enthält auch natürlichen Zucker. Eine Handvoll Obst am Tag kann daher eine gesunde Alternative zu Süßigkeiten sein, aber wir empfehlen auch, nicht zu viel davon zu essen.

Bohnen und Hülsenfrüchte

Bohnen und Hülsenfrüchte ergänzen Ihre Ernährung um gesunde Proteine und Kohlenhydrate. Zudem machen sie satt und verhindern, dass Sie zu viel essen.

Fisch

Manche Fischsorten wie Lachs enthalten wichtige Omega-3-Fettsäuren, die das Risiko einer koronaren Herzerkrankung senken. Sie können auch zu einem gesunden Triglyceridspiegel beitragen. Außerdem ist Fisch ein sehr guter Eiweißlieferant. Vermeiden Sie jedoch Bodenfresser wie Shrimps, Krabben und Hummer. Sie sind die Müllschlucker der Meere und ernähren sich von den Abfällen, die auf den Boden sinken.

ALLES BIO

Organisch angebaute Nahrungsmittel sind weitestgehend frei von Pestiziden und anderen Chemikalien. Klar ist: Je weniger Chemie Sie Ihrem Körper zuführen, desto besser.

BESONDERE ERNÄHRUNGSFORMEN

Wir verlangen nicht, dass Sie einer strengen Diät folgen. Wir glauben auch nicht, dass eine bestimmte Ernährungsweise das einzig Wahre ist. Wir sind der Meinung, dass unterschiedliche Menschen unterschiedliche Ernährungsbedürfnisse haben, und ermutigen Sie daher, mit Nahrungsmitteln zu experimentieren, bis Sie die gewünschten Ergebnisse erzielen. Und was sind das für Ergebnisse? Dass Sie sich besser und gesünder fühlen.

Zusätzlich zu den genannten Nahrungsmitteln, die Sie vermeiden, reduzieren, streichen und als Alternative zu sich nehmen sollten, folgen nun Beispiele von fünf Ernährungsformen, mit denen wir sehr gute Ergebnisse erzielt haben und die heute immer mehr Menschen mit Erfolg für sich nutzen.

Vegetarische Ernährung

Die meisten Menschen kennen die vegetarische Ernährung, obwohl es auch hier individuelle Unterschiede gibt. Grundsätzlich vermeiden Vegetarier Fleisch, essen aber unter Umständen andere tierische Nahrungsmittel wie Milchprodukte und Eier.

Vegane Ernährung

Veganer verzichten komplett auf tierische Nahrungsmittel (Fleisch, Milchprodukte, Eier, Honig und so weiter). Wir experimentierten ein Jahr lang mit einer streng veganen Ernährung (eine 1-Dollar-Wette zwischen uns, die Ryan gewann) und die Ergebnisse waren verblüffend: Wir fühlten uns energiegeladener, Ryan verlor deutlich an Gewicht, Joshua hielt ein gesundes Körpergewicht und vor allem fühlten wir uns besser. Nach diesem Experiment beschlossen wir, nur noch kleine Mengen an Milchprodukten, Eiern und Fisch in unseren Speiseplan aufzunehmen, was uns zur nächsten Ernährungsform bringt.

Pescetarismus

Dies ist unsere aktuelle Ernährungsweise. Pescetarier sind Vegetarier, die Fisch essen. Wir nehmen auch kleine Mengen an Milchprodukten zu uns, allerdings deutlich weniger als früher.

Paleo

Wir beide befolgen diese Ernährungsform nicht, da wir kein Fleisch essen. Aber Freunde von uns haben mit Paleo (auch Steinzeiternährung genannt) sehr gute Ergebnisse erzielt. Im Rahmen der Paleo-Ernährung werden Nahrungsmittel konsumiert, von denen sich die Steinzeitmenschen vor 500 Generationen ernährten: frisches Obst und Gemüse, mageres Fleisch und Meeresfrüchte. Diese sind reich an wertvollen, gesundheitsfördernden Nährstoffen. Die Paleo-Ernährung beinhaltet sehr wenig Nahrungsmittel, die bekanntermaßen zu Gewichtszunahmen, Herz-Kreislauf-Erkrankungen, Diabetes und zahlreichen anderen Gesundheitsproblemen führen. Zu nennen sind hier raffinierter Zucker, raffiniertes Getreide, Milchprodukte, Transfette, Salz, hochglykämische Kohlenhydrate und verarbeitete Nahrungsmittel. Wer will, kann Milch- und Getreideprodukte durch noch mehr frisches Obst und Gemüse ersetzen – Nahrungsmittel, die mehr Mikronährstoffe enthalten als Vollkorn- oder Milchprodukte. (Einen Link zu weiterführenden Infos finden Sie auf Seite 56.)

Intermittierendes Fasten

Das intermittierende Fasten bezeichnet einen bestimmten Essrhythmus, bei dem sich Fastenphasen (man trinkt nur Wasser) und Essensphasen abwechseln. Wenn man intermittierend fastet, isst man beispielsweise 16 Stunden am Tag nichts und nimmt dann innerhalb von 8 Stunden zwei oder drei Mahlzeiten zu sich. Alle vier genannten Ernährungsformen eignen sich also auch zum intermittierenden Fasten. Wer diese Ernährungsweise ausprobiert hat – und dafür reichen oft schon zehn Tage –, konnte in der Regel wunderbare Ergebnisse feststellen.

Beim Überarbeiten der ersten Ausgabe unseres Buchs begann Joshua mit dieser Ernährungsform und erzielte innerhalb einer Woche erstaunliche Ergebnisse: weniger Körperfett, ein flacherer Bauch und definiertere Muskeln.

Einer der bekanntesten Befürworter des intermittierenden Fastens, Martin Berkhan, hat damit unglaubliche Resultate erzielt, auch hinsichtlich seiner Muskelmasse. Das genauer zu erklären, würde jedoch den Rahmen dieses Buches sprengen. Unter leangains.com (auf Englisch) können Sie mehr über Martin Berkhan und seine Geschichte erfahren.

WEITERE INFOS

Genauere Informationen zur Paleo-Ernährung finden Sie zum Beispiel unter paleoplan.com (auf Englisch) oder auf Deutsch unter paleo360.de und paleo-info.de).

Unter leangains.com (auf Englisch) können Sie mehr über Martin Berkhan und seine beeindruckende Geschichte erfahren. Der Link auf Deutsch zum intermittierenden Fasten ist sehr lang: de.myprotein.com/thezone/ernahrung/intermittent-fasting-leangains.

ERNÄHRUNGSGEWOHNHEITEN FÜR DEN ALLTAG ENTWICKELN

Die meisten drastischen Ernährungsumstellungen schlagen langfristig fehl, da sie einfach zu viel verlangen und es als zu schwierig empfunden wird, sie dauerhaft beizubehalten. Statt eines festen Ernährungsplans schlagen wir Ihnen daher vor, jeweils zehn Tage lang Ihre Ernährung zu ändern. Denn wir meinen: Sich zehn Tage lang umzustellen, schafft doch jeder, oder?

Experimentieren Sie mit den in diesem Kapitel genannten Ernährungsformen und bleiben Sie dann längerfristig bei der Form, die Ihnen am ehesten guttut. Ernährung wird gelebt, nicht einfach nur konsumiert. Sie ist der Ausdruck Ihrer Lebensgewohnheiten hinsichtlich der Aufnahme von Lebensmitteln. Das bedeutet auch, dass sie untrennbar mit Ihrem Leben verbunden ist. Ihre Ernährungsweise unterliegt permanenten Veränderungen und ist geprägt von Ihren täglichen Lebensgewohnheiten in allen anderen Bereichen.

Die hier genannten Möglichkeiten sind keine Ernährungspläne. Es sind Ernährungsformen, die immer mehr Menschen aus vielen guten Gründen als ihre ideale Lebensweise praktizieren.

Sobald Sie eine gesunde Ernährungsweise angenommen haben, werden Sie sich besser fühlen und Ihr Körper wird es Ihnen danken. Nahrungsmittel sollten als Nahrung betrachtet werden, nicht als Unterhaltung.

MEDIKAMENTE, DROGEN UND CHEMISCHE SUBSTANZEN

Werfen Sie einen kritischen Blick in Ihren Medizinschrank. Welche Medikamente nehmen Sie? Wie viele Tabletten pro Tag? Weshalb nehmen Sie sie? Gibt es Alternativen? Wenn ja, haben Sie diese ausprobiert? Falls Ihnen der Arzt etwas verschrieben hat: Haben Sie ihn nach dem Grund gefragt? Haben Sie eine zweite Meinung eingeholt?

Noch schlimmer: Rauchen Sie? Trinken Sie zu viel Alkohol? Nehmen Sie regelmäßig Drogen? Wenn ja: warum?

Es wäre nachlässig von uns, dieses Thema nicht zumindest anzureißen. Daher stellen wir Ihnen diese Fragen. Manche Medikamente sind wichtig und lebensrettend, doch viele andere sind unnötig, haben unzählige Nebenwirkungen und können mit der richtigen Ernährung und körperlicher Bewegung vermieden werden. Wenn Sie Ihrem Körper zudem wissentlich Schaden zufügen, zahlen am Ende Sie den Preis dafür.

WAS SIE MIT IHREM KÖRPER ANSTELLEN

Auf dem Sofa sitzen, Chips essen und dabei fernsehen? Wir alle wissen, dass wir uns damit keinen Weg in ein gesundes Leben ebnen. Aber wir unterliegen auf der anderen Seite dem weitverbreiteten Irrtum, dass man intensiv Sport treiben muss, um gesund zu sein – als ob Sie jeden Tag zehn Kilometer laufen, sieben Tage die Woche ins Fitnessstudio gehen und einen Kleinwagen stemmen müssten, um fit zu sein. Das stimmt nicht.

KÖRPERLICHE BEWEGUNG DEFINIEREN

Uns geht es nicht darum, wie Bodybuilder auszusehen. Uns geht es darum, gesund und fit zu sein und uns im Körper wohlzufühlen. In den letzten Jahren haben wir verschiedene Dinge ausprobiert, die uns gutgetan haben. Viele andere haben wir nicht ausprobiert. Wir stellten fest, dass die wichtigsten Erfolge nicht in Pfund auf der Waage gemessen werden, sondern vielmehr anhand von zwei wesentlichen Faktoren (siehe nächste Seite).

So erging es Joshua. Durch eine Kombination aus Pescetarismus (siehe Seite 55) und intermittierendem Fasten nahm er über mehrere Jahre hinweg mehr als 40 Kilo ab. Das mag zunächst großartig klingen und es war auch zweifellos gut und richtig. Nun wog er mit seinen 28 Jahren deutlich weniger, war aber dennoch schlaff, undefiniert und kraftlos. Aber dann entwickelte er innerhalb von zwei Jahren kleine, einfache tägliche Gewohnheiten und war mit 30 in der Form seines Lebens.

REGELMÄSSIGE TÄGLICHE BEWEGUNG

Wir haben im Lauf der Jahre verschiedene Übungstechniken ausprobiert, um unsere Gesundheit zu verbessern. Wir gingen vier bis sechs Mal pro Woche ins Fitnessstudio. Wir versuchten es mit Laufen, Gewichtheben und anderen Sportarten. Und alles zeigte Erfolge. Natürlich funktioniert nicht alles gleich gut, aber jede Übung ist besser, als gar nichts zu tun (was wir früher oft taten: einfach nichts). Nachdem wir zwei Jahre lang verschiedene Übungen ausprobiert und mit diversen Personal Trainern gesprochen hatten, schrieb Joshua über seine neu entwickelten täglichen Übungen ein Essay mit dem Titel »18-Minute Minimalist Exercises«. In diesem Essay umriss er seine einfachen Bewegungsgewohnheiten, darunter die drei Grundsätze und die drei Übungen, die er seit einiger Zeit täglich absolvierte.

JOSHUA: MEINE BEWEGUNGSGRUNDSÄTZE

Es sind drei Grundsätze, die mich in Sachen Bewegung begleiten und die mein Leben verwandelt haben. Diese drei sind wesentlich, mehr braucht es aus meiner Erfahrung hierbei nicht.

Spaß an der Bewegung haben

Ich mache ausschließlich Übungen, die mir auch wirklich Spaß machen. Ich laufe nicht gern, also lasse ich es sein. Ich versuchte es sechs Monate lang und musste feststellen, dass es einfach nicht mein Ding war. Wenn Sie mich laufen sehen, rufen Sie bitte die Polizei, denn dann werde ich wahrscheinlich von jemandem verfolgt. Mein Cardiotraining absolviere ich anderes: Es sieht so aus, dass ich jeden Tag walke, im Fitnessstudio auf dem Crosstrainer trainiere und Körpergewichtsübungen mit Cardioelementen mache.

Stressabbau durch Bewegung

Stress baue ich am allerbesten durch körperliches Training ab. Wenn ich mich abends angespannt oder gestresst fühle, gehe ich besonders gern ins Fitnessstudio oder in den Park. Physische Bewegung am Ende eines langen, anstrengenden Tages gibt mir außerdem die Gelegenheit, für mich allein über das nachzudenken, was mir wichtig ist.

Für Abwechslung sorgen

Als ich mit dem Sport begann, ging ich drei Mal in der Woche ins Fitnessstudio, was sicherlich besser war, als gar keinen Sport zu machen. Als ich dann Blut geleckt hatte, ging ich täglich, an die sechs Mal pro Woche (selbst in der Zeit, als meine Arbeitswoche noch 70 Stunden betrug). Doch diese Routine wurde zu zeitaufwendig und immer die gleichen Übungen ließen mich schließlich stagnieren.

Heute sorge ich für Abwechslung: Ich walke jeden Tag ziemlich viel und ich gehe weiterhin ins Fitnessstudio, aber nicht mehr ganz so oft. Mit meinem abwechslungsreichen täglichen 18-Minuten-Training konnte ich die deutlichsten Erfolge erzielen. Daher hier gleich die Übungen dafür.

JOSHUA: MEIN 18-MINUTEN-TRAINING

Ganz ehrlich: 18 Minuten klingt wie eine willkürliche Zahl. Und genau das ist es auch. Als ich mit diesen Körpergewichtsübungen begann, hatte ich kein bestimmtes Zeitfenster geplant. Aber ich stoppte meine Zeit und stellte fest, dass ich fast jedes Mal nach 18 Minuten fix und fertig war. Daher nenne ich es mein 18-Minuten-Training. Sie können es im Wohnzimmer, im Freien und eigentlich an jedem beliebigen Ort machen – selbst draußen im Regen.

Während dieser 18 Minuten wechsle ich für gewöhnlich zwischen den nachfolgenden Übungen. Sie können natürlich gern Ihre eigenen Lieblingsübungen einbauen. Und ja, diese Übungen eignen sich für Männer und Frauen gleichermaßen.

Liegestütze

Vor zwei Jahren – ich gebe es zu – konnte ich keinen einzigen Liegestütz machen. Irgendwann schaffte ich immerhin einen, nachdem ich wochenlang modifizierte Liegestütze trainiert hatte. Dazu kann man zum Beispiel die Knie auf dem Boden lassen. Nach einer Weile schaffte ich zehn, dann 20. Jetzt kann ich 50 bis 100 Liegestütze am Stück machen. Ich mache täglich drei bis fünf Sätze, das macht etwa 300 Liegestütze in meinem 18-minütigen Training.

Klimmzüge

Vor zwei Jahren hätte ich nie geglaubt, dass ich jemals in der Lage sein würde, auch nur einen Klimmzug zu machen. Schließlich lernte ich, wie man es anstellt, indem ich an einer Klimmzugstange hängend langsam Kraft aufbaute. Bald schaffte ich zwei, dann vier Klimmzüge. Mittlerweile schaffe ich 12 bis 20 hintereinander in drei bis fünf Sätzen pro Tag. Das macht etwa 40 bis 60 Klimmzüge in meinem 18-minütigen Training. Oft nutze ich die Kletterstangen im Park oder meine Klimmzugstange zu Hause. Früher hasste ich Klimmzüge, heute gehören sie zu meiner Lieblingsübung.

Kniebeugen

Kürzlich begann ich mit Kniebeugen und stelle jetzt schon einen Riesenunterschied fest. Ich mache momentan nur drei bis vier Sätze mit je 20 bis 30 Wiederholungen, aber ich steigere mich langsam. Und ich mache Fortschritte.

Wie sieht das Training aus?

Ich habe keine bestimmte Routine und keinen festen Plan. Zwischen den Sätzen mache ich jeweils 30 Sekunden Pause, bevor ich zur nächsten Übung übergehe. Nach ungefähr 18 Minuten habe ich mich komplett verausgabt und fühle mich großartig. Ich spüre dieses wohlige müde Gefühl, das sich nach einem tollen Workout einstellt. Was früher mühsam war, ist mittlerweile beglückend. Sie können das Training auch dann machen, wenn Sie keinen Klimmzug und keinen Liegestütz schaffen. Sie werden sehen: Bald gelingt es Ihnen.

Jeder hat 18 Minuten am Tag Zeit für seine Gesundheit, oder?

SCHLAF

Auch er gehört dazu. Oft verzichten wir auf Schlaf, um das zu erledigen, was wir noch erledigen wollen. Aber wenn Sie ein gesundes Leben führen wollen – also unter optimalen Bedingungen das Leben aktiv erfahren und genießen möchten –, brauchen Sie ausreichend Ruhezeit.

Wie viel Schlaf der Körper braucht, ist von Mensch zu Mensch verschieden. Einige der spannendsten Untersuchungen, über die wir gelesen haben, besagen, dass man im Schnitt regelmäßig acht bis zehn Stunden schlafen sollte. Das beste Essay, das wir zum Thema Schlaf gelesen haben, trägt den Titel »How to Get Smarter, Sleep More, and Get More Sex« und stammt von Julien Smith. Seine englischsprachige Website finden Sie unter inoveryourhead.net.

DAS MUSS IN DER GESUNDHEIT

Wir sind fest davon überzeugt, dass man »Ich sollte« in »Ich muss« ändern kann. Wenn Sie eine Gewohnheit wirklich ändern wollen, sei es Ernährung, Sport oder etwas anderes, ist diese Veränderung der Wendepunkt. Der Punkt, an dem Sie ausreichend Triebkraft entwickeln, der Punkt, an dem etwas, das Sie vor sich hergeschoben haben, dringend, notwendig und unverzichtbar wird. An diesem Punkt wird Veränderung zu einem Muss.

Auf unserer Website empfehlen wir unseren Lesern, Muss-Listen für verschiedene Bereiche ihres Lebens zu erstellen. Wir halten auch Sie dazu an, eine Liste der Dinge aufzustellen, die Sie bisher aufgeschoben haben, und diese »Ich sollte«-Dinge in »Ich muss«-Dinge zu verwandeln. Finden Sie Ihre Triebkraft, damit Sie entsprechend aktiv werden.

Es gibt sehr weniges, das im Hinblick auf Ihre Gesundheit geschehen muss, und es ist recht breit gefächert:

◇ Sie müssen sich gesund ernähren, um gesund zu bleiben.
◇ Sie müssen sich regelmäßig körperlich bewegen, um gesund zu bleiben.
◇ Sie müssen gesundheitsschädliche Substanzen meiden.
◇ Sie müssen Ihren Körper wie Ihren kostbarsten Besitz behandeln, denn genau das ist er.

Wir empfehlen Ihnen, sich Ihre eigene Muss-Liste zu erstellen. Darauf gehört alles, was Sie tun müssen, um ein besseres und gesünderes Leben zu leben.

BEZIEHUNGEN

Ihre Beziehungen sind der wichtigste
der fünf Werte des Minimalismus.
Das glauben Sie nicht?
Sehen Sie selbst.

WAS BEZIEHUNGEN BEDEUTEN

Stellen Sie sich noch einmal vor, Sie gewinnen im Lotto, sind zusätzlich in der besten Form Ihres Lebens, begleichen sämtliche Schulden, ziehen in Ihr Traumhaus (natürlich am Meer) und müssen nie wieder arbeiten. Und jetzt stellen Sie sich vor, sie wachen morgen auf und es ist niemand da, mit dem Sie Ihr neues Leben teilen können. Keine Freunde. Keine Familie. Keine geliebten Menschen. Was für eine schmerzhafte Vorstellung. Jetzt haben Sie endlich »alles, was Sie immer wollten«, aber niemanden, mit dem Sie es gemeinsam genießen können. Merken Sie es? Ohne Ihre Beziehungen können Sie kein sinnerfüllteres Leben leben.

BEZIEHUNGEN DEFINIEREN

Manchmal bezeichnet der Begriff Beziehung eine rein körperliche oder intime Beziehung. In diesem Buch verwenden wir das Wort jedoch in einem weiter gefassten Sinn: Ihre Beziehungen sind die Menschen, mit denen Sie regelmäßig Kontakt haben, Menschen in Ihrem Umfeld – Freunde, Partner, Ehepartner, Mitbewohner, Kollegen, Bekanntschaften und jeder, mit dem Sie regelmäßig zu tun haben.

Wir alle wollen geliebt werden. Wir alle wollen lieben. Und wir alle wünschen uns andere Menschen, mit denen wir unsere Erlebnisse und Erfahrungen teilen können. Manche von uns (insbesondere extrovertierte Menschen wie Ryan) wünschen sich die Liebe und die Aufmerksamkeit vieler Beziehungen (seiner Familie, seiner engen Freunde, seiner Freundin, der Menschen, die er als Mentor betreut und so weiter). Andere hingegen (insbesondere introvertierte Menschen wie Joshua) wünschen sich die enge Verbindung einiger weniger ausgesuchter Beziehungen. Keiner dieser Wünsche ist richtig oder falsch. Unsere Wünsche basieren auf unseren Vorlieben und jeder Einzelne von uns braucht persönliche Beziehungen, um zu gedeihen.

ÜBER VERGANGENE BEZIEHUNGEN REFLEKTIEREN

Die Vergangenheit entspricht nicht der Zukunft. In der Vergangenheit zu leben, ist so, als würden Sie beim Autofahren immer nur in den Rückspiegel blicken. Sie werden am Ende einen Unfall bauen, weil Sie nicht mitbekommen, was vor Ihnen passiert.

Ebenso kann von Ihren vergangenen Beziehungen nicht zwangsläufig auf Ihre zukünftigen Beziehungen geschlossen werden. Das sind erfreuliche Nachrichten. Die meiste Zeit über denken Sie nicht darüber nach, warum Sie in einer bestimmten Beziehung stecken. Sie akzeptieren es, wie es ist – selbst, wenn Sie diese Beziehung unglücklich macht.

Aber Sie können aus Ihren vergangenen Beziehungen lernen. Die guten Zeiten erzählen davon, was positiv lief, und geben Ihnen eine Strategie an die Hand, mit der Sie Ihre Zukunft gestalten können. Die schlechten Zeiten helfen Ihnen, herauszufinden, was falsch lief, und liefern Ihnen Anhaltspunkte und soziale Indizien, nach denen Sie schlechte Beziehungen in Zukunft vermeiden können. Im Nachhinein sieht man alles viel klarer.

DREI WEGE, BEZIEHUNGEN ZU VERBESSERN

Es gibt drei Wege zu rundum guten Beziehungen:

1. Wunderbare neue Beziehungen finden

2. Aktuelle Beziehungen verändern

3. Sich selbst ändern

Wir werden uns im Laufe dieses Kapitels mit allen drei Möglichkeiten befassen und Sie können all das auf Ihr Leben anwenden und Ihre Beziehungen verwandeln.

AKTUELLE BEZIEHUNGEN BEURTEILEN

Es ist an der Zeit, dass Sie einen ehrlichen Blick auf Ihre aktuellen Beziehungen werfen und sich dabei fragen: Machen sie Sie glücklich? Erfüllen sie Sie? Sind sie unterstützend? Helfen sie Ihnen, sich weiterzuentwickeln? Tragen sie auf positive und sinnvolle Weise zu Ihrem Leben bei?

Das alles sind wichtige Fragen, die Sie bei der Beurteilung Ihrer aktuellen Beziehungen berücksichtigen sollten. Die Anregung auf der nächsten Seite hilft Ihnen, hier immer klarer zu sehen.

DIE LISTE IHRER BEZIEHUNGEN

Versuchen Sie Folgendes: Erstellen Sie für jede Ihrer Beziehungen, ob wichtig oder eher beiläufig, eine Liste mit drei Spalten.

Name: Tragen Sie in die erste Spalte den Namen der Person ein. Berücksichtigen Sie alle Menschen, mit denen Sie regelmäßig zu tun haben. Ihre Familie, enge Freunde, Ihr Lebensgefährte/Ehemann, Ihre Lebensgefährtin/Ehefrau, Kollegen, Vorgesetzte, Lehrer, der Nachbar von gegenüber, der in der Nase bohrt, wenn er sich unbeobachtet fühlt... Gehen Sie in Gedanken sämtliche Aspekte Ihres Lebens durch. Mit wem haben Sie zu tun, mit wem tauschen Sie sich aus? In dieser Spalte stehen vielleicht 20 Personen. Oder 400. Nehmen Sie sich in jedem Fall Zeit für Ihre Liste.

Kennzeichen: Nachdem Sie die erste Spalte ausgefüllt haben, schreiben Sie in die zweite Spalte zu jeder Person eine von drei Kennzeichen: primär, sekundär oder peripher (Genaueres dazu siehe gegenüberliegende Seite).

Einfluss: In der dritten Spalte Ihrer Liste geht es um den Einfluss Ihrer Beziehungen auf Ihr Leben. Hier tragen Sie einen der folgenden drei Einflüsse ein: positiv, negativ oder neutral.

Kennzeichen der Beziehung

Sie haben in Ihre Liste von Seite 70 eingetragen, welche Beziehungen welches Kennzeichen haben. Was meinen wir damit im Einzelnen? Die primären Beziehungen, ob gut oder schlecht, sind Ihre engsten Beziehungen. In dieser Ebene sind wahrscheinlich Ihr Partner/Ihre Partnerin, unmittelbare Familienangehörige und Ihre engsten Freunde angesiedelt. Ihre primären Beziehungen sind die Hauptdarsteller im Kinofilm Ihres Lebens.

Die sekundäre Ebene besteht aus Beziehungen, die denen der primären Ebene ähneln, aber aus verschiedenen Gründen von weniger Wert sind. Solche Beziehungen könnten aus Ihren engen Freunden, Ihrem Vorgesetzten, Kollegen und entfernten Familienmitgliedern bestehen. Ihre sekundären Beziehungen sind Ihre Nebendarsteller.

Vermutlich fällt die große Mehrheit der Menschen in Ihrem Leben in die dritte Kategorie: die der peripheren Beziehungen. Zu den peripheren Beziehungen könnten der Großteil Ihrer Kollegen, Nachbarn, die Mitglieder Ihrer Gemeinde, Bekanntschaften, sehr weit entfernte Familienmitglieder und so weiter gehören. Sie alle bilden die Nebenfiguren und gelegentlich die Statisten in Ihrem persönlichen Kinofilm. Meistens respektieren Sie ihre Meinungen und messen diesen Beziehungen zumindest einen kleinen Wert bei.

Einfluss

Die dritte Spalte gehört dem Einfluss, den die jeweiligen Beziehungen auf Sie und Ihr Leben haben. Was meinen wir damit?

Positive Beziehungen machen Sie glücklich und helfen Ihnen, sich weiterzuentwickeln. Negative Beziehungen machen Sie unglücklich, unerfüllt, frustriert oder unzufrieden. Sie können Ihre persönliche Weiterentwicklung verkümmern lassen.

Neutrale Beziehungen sind zwischen den ersten beiden angesiedelt. Sie machen Sie nicht zwangsläufig unglücklich und unzufrieden, aber auch nicht wirklich glücklich und meistens hegen Sie ihnen gegenüber zwiespältige Gefühle.

In diesem Zusammenhang sei darauf hingewiesen, dass viele enge primäre Beziehungen neutral oder negativ sein können. Das bedeutet nicht, dass diese Beziehungen sich nicht ändern können. Aber nur, weil Ihnen jemand besonders nahe ist, heißt das nicht, dass dieser Mensch eine positive Beziehung fördert. Einige unserer negativen Beziehungen sind oft in den ersten beiden Ebenen angesiedelt. Obwohl viele Ihrer peripheren Beziehungen in die neutrale Kategorie fallen, machen Ihnen umgekehrt andere Beziehungen in dieser Ebene viel Freude und sind somit positive periphere Beziehungen.

WAS TUN MIT IHREN AKTUELLEN BEZIEHUNGEN?

Gehen Sie nun noch einmal durch Ihre fertige Liste und stellen Sie sich dabei folgende wichtige Fragen:

◇ Wie viele Beziehungen haben Sie?
◇ Warum so viele (oder so wenige)?
◇ Wie hoch ist der Prozentanteil der primären Beziehungen?
◇ Wie hoch ist der Prozentanteil Ihrer sekundären Beziehungen?
◇ Wie hoch ist der Prozentanteil Ihrer peripheren Beziehungen?
◇ Wie hoch ist der Prozentanteil der positiven Beziehungen?
◇ Wie hoch ist der Prozentanteil der negativen Beziehungen?
◇ Wie hoch ist der Prozentanteil der neutralen Beziehungen?

Nachdem Sie diese Fragen beantwortet haben, ist es an der Zeit, alle Beziehungen genauer zu betrachten und eventuelle Änderungen vorzunehmen.

Es ist offensichtlich, dass Ihre wichtigsten Beziehungen – ob negativ oder positiv – in den ersten beiden Ebenen liegen, mit der wichtigsten in der primären Ebene. Da aber leider das Gros Ihrer Beziehungen am Rand, also peripher, angesiedelt ist, verbringen Sie wahrscheinlich den Großteil Ihrer Zeit mit ebendiesen peripheren Beziehungen. Wenn es Ihnen wie den meisten Menschen geht, widmen Sie folglich den Großteil Ihrer Zeit und Aufmerksamkeit einer Gruppe von Menschen, die die geringste Rolle in Ihrem Leben spielen.

Das muss sich ändern.

Sehen Sie sich zunächst jede Person in Ihrer peripheren Ebene an. Sind einige darunter, die eine größere Rolle in Ihrem Leben spielen sollen? Sind dies die Menschen, die Sie gern in Ihrer primären oder sekundären Ebene hätten? Wenn ja, was müssten Sie tun, um diese Beziehungen zu stärken? Was müssten Sie tun, damit sich diese Beziehungen weiterentwickeln? Denken Sie in Ruhe darüber nach.

Sobald Sie die peripheren Beziehungen ausfindig gemacht haben, die Sie auf die ersten beiden Ebenen anheben möchten, sollten Sie sich die Rolle der verbleibenden Menschen in Ihrer peripheren Gruppe bewusst machen. Diese Menschen sind Ihnen nicht egal, Sie wünschen ihnen nur Gutes – aber es sind auch diejenigen, die den Großteil Ihres kostbarsten Guts beanspruchen: Ihre Zeit. Daher ist es unabdingbar, dass Sie weniger Zeit für diese Gruppe aufwenden und Ihre Aufmerksamkeit Ihrer primären und sekundären Ebene widmen (einschließlich der Menschen in der peripheren Ebene, die Sie in diese Ebenen anheben möchten). Vielleicht bedeutet das für Sie, dass Sie öfter Nein sagen oder künftig nicht mehr so viele Verpflichtungen eingehen wollen. Oder es bedeutet möglicherweise, dass Sie sich

Die Idee dahinter ist, sich darauf zu konzentrieren, Beziehungen zu schaffen, die so sinnerfüllt wie möglich sind. Beziehungen, die in Ihren ersten beiden Ebenen angesiedelt sind.

mit diesen Menschen in Ruhe zusammensetzen und erläutern, dass Sie Zeit brauchen, um sich wieder auf andere Dinge im Leben konzentrieren zu können. Ebenso gibt es Menschen in Ihrer primären und sekundären Ebene, die vermutlich nicht dort hingehören. Es ist an Ihnen, zu entscheiden, welche Rolle diese Menschen in Ihrem Leben spielen sollen. Das gilt insbesondere für Beziehungen, die Sie als negativ gekennzeichnet haben.

WANDEL GEHÖRT DAZU

Ihre Beziehungen werden sich Ihr Leben lang verändern. Sie und die Menschen um Sie herum entwickeln sich nämlich immer weiter. Menschen werden in Ihrem Leben kommen und gehen und auch in Ihren Beziehungsebenen wechseln, weil Sie und diese Menschen sich weiterentwickeln.

Viele Menschen, die vor zehn Jahren besonders wichtig für Sie waren, sind es heute weitaus weniger, oder? Ebenso werden sich auch Ihre künftigen Beziehungen weiterhin verlagern, verändern und weiterentwickeln. Es ist sehr wichtig, dass Sie sich aktiv an diesem Prozess beteiligen und aktiv Ihre Beziehungen auswählen, was oft bedeutet, schwierige Entscheidungen bezüglich der Menschen in Ihren ersten beiden Ebenen zu treffen.

DIE WICHTIGSTEN BEZIEHUNGEN

Ihre primären Beziehungen sind mit Abstand die wichtigsten Beziehungen in Ihrem Leben. Sie machen Ihr Kernteam aus, die Menschen, die Ihnen am wichtigsten sind. Deswegen gehen wir ab jetzt ausführlich auf diese primären Beziehungen ein, unabhängig davon, ob sie aktuell oder zukünftig sind. Dies sind die Menschen, die Sie lieben und für die Sie alles tun würden. Diese Beziehungen sind typischerweise aus drei Lebensfeldern.

Intime Beziehungen

Ihr Partner/Ihre Partnerin, Ihr Ehemann/Ihre Ehefrau, Ihr Lebensgefährte/Ihre Lebensgefährtin. Dies ist für gewöhnlich die wichtigste Beziehung in Ihrem Leben und sollte entsprechend behandelt werden.

Engste Freunde

Oft nennen wir diese Menschen unsere besten Freunde. Diese Gruppe an engsten Freunden besteht für gewöhnlich aus maximal fünf Personen, mit denen Sie eng vertraut sind und die Ihnen sehr am Herzen liegen. Der alte Spruch unserer Eltern und Großeltern, dass man die engsten Freunde an einer Hand abzählen kann, trifft im Allgemeinen zu.

Unmittelbare Familienangehörige

Zu dieser Kategorie gehören Eltern, Kinder, Geschwister und andere enge Familienmitglieder. Die Beziehungen zu ihnen können intensiv gepflegt oder vernachlässigt sein.

EINE ANMERKUNG ZU IHREN SEKUNDÄREN BEZIEHUNGEN

Ihre sekundären Beziehungen sind zweifellos ebenfalls wichtig (erheblich wichtiger als Ihre peripheren Beziehungen), aber sie sollten Ihre Zeit und Aufmerksamkeit erst erhalten, nachdem Ihre Verpflichtungen gegenüber Ihren primären Beziehungen erfüllt wurden. Ihre primären Beziehungen stehen an erster Stelle. Das kann bedeuten, dass Sie gegebenenfalls eine oder zwei Personen aus Ihrer sekundären Ebene in Ihre primäre Ebene verschieben (oder umgekehrt).

ÄNDERN SIE SICH SELBST, NICHT ANDERE

Manchmal muss man sich von bestimmten Beziehungen verabschieden, selbst von Beziehungen mit großem Wert. Denn manchmal unterscheiden sich die Ansichten oder Werte eines Menschen grundlegend von den Ihren. Wenn das der Fall ist, ist es legitim, die Beziehung zu beenden oder zumindest die Art der Beziehung zu ändern.

Wir alle verändern uns im Laufe der Jahre und Jahrzehnte: In manchen Fällen wachsen wir enger zusammen, in anderen lebt man sich auseinander, manchmal geht die Liebe verloren, manchmal entwickelt man sich gemeinsam weiter. Nur weil sich jemand verändert hat, bedeutet das nicht, dass dieser Mensch Sie nicht liebt oder dass Sie ihm egal sind. Es bedeutet lediglich, dass er sich verändert hat. Zudem können Sie nicht von einem

Menschen erwarten, dass er sich immer so verändert, wie Sie es gern hätten. Natürlich wandeln sich Menschen auch radikal, aber Sie sollten in Ihren Beziehungen nicht erwarten, dass sich jemand »zum Guten« ändert, indem er sich an Ihre Standards, Ansichten oder Werte anpasst. Der einzige Mensch, den Sie ändern können, sind Sie selbst. Wenn Sie mit gutem Beispiel vorangehen, werden die engsten Menschen um Sie herum oft nachziehen und es Ihnen gleichtun.

Wenn Sie Ihre Ernährung verbessern, mit Sport beginnen, sorgfältig auf Ihre wichtigen Beziehungen achten und höhere Beziehungsstandards setzen, werden Sie feststellen, dass die anderen dasselbe tun. Wenn Sie sich von Ihrer besten Seite zeigen, kommen auch die besten Seiten der anderen zum Vorschein.

Leider kann es Zeiten geben, in denen Ihre Beziehungen nicht funktionieren – Ehe, intime Beziehungen, enge Freundschaften, Beziehungen zwischen Mitarbeiter und Vorgesetztem, Beziehungen zu Familienmitgliedern und so weiter. Das Beste, was Sie machen können, ist dann, sich selbst zu ändern, anstatt zu versuchen, den anderen zu »verbessern«.

Die Menschen in Ihrem Umfeld können Sie nicht ändern. Aber Sie können Ihr Umfeld ändern.

Sie müssen nicht in einer Beziehung bleiben, wenn Sie damit nicht glücklich sind. Das bedeutet nicht, dass Sie nicht versuchen sollten, dem Grund für die Beziehungsprobleme nachzugehen. Es bedeutet, dass Sie die Beziehung beenden können, wenn sie nicht funktioniert.

Bevor Sie eine Beziehung ändern oder ganz beenden, sollten Sie sich vergegenwärtigen, wie Ihre Beziehungen in Zukunft aussehen sollten. Die folgenden Abschnitte behandeln ganz bestimmte Ideen dazu, wie Sie sich eine neue Zukunft für Ihre Beziehungen vorstellen.

WEITERENTWICKLUNG VON BEZIEHUNGEN

Egal, wie positiv oder negativ Ihre aktuellen Beziehungen sind, wir gehen davon aus: Sie möchten sie auf jeden Fall noch weiter verbessern, damit Sie erstklassige zukünftige Beziehungen haben. Selbst die allerbesten Beziehungen müssen sich stetig weiterentwickeln, damit sie auch allerbeste Beziehungen bleiben. Genau genommen entwickeln sich die besten Beziehungen ausnahmslos immer weiter. Das ist einer der Gründe, warum sie so gut funktionieren. Wenn sich Ihre Beziehungen nicht weiterentwickeln, sterben sie über kurz oder lang. Aber wenn sie sich weiterentwickeln, fühlen Sie sich lebendig.

ZUKÜNFTIGE BEZIEHUNGEN SUCHEN UND AUSWÄHLEN

Der Mensch braucht Visionen, um zu überleben. Haben wir alle schon mal gehört. Das Gleiche gilt für unsere Beziehungen, insbesondere für unsere primären Beziehungen. Ohne Vision geben Sie sich mit allem zufrieden, was Ihnen begegnet. Folglich brauchen Sie ein klares Bild davon, wie Ihre Beziehungen Ihrer Vorstellung nach sein sollen und wie sie aussehen sollen. Wenn Sie von Ihrer Vision überzeugt sind, tun Sie dann nämlich auch alles, damit sie wahr wird.

Wenn Sie auf der Suche nach neuen Beziehungen sind oder auch bestehende Beziehungen verbessern möchten, gibt es drei Punkte, die Sie berücksichtigen sollten:

Was wünschen Sie sich?

Das mag zunächst banal klingen, aber dies ist eine wichtige Schlüsselfrage. Schreiben Sie alles auf, was Sie sich von Ihren primären Beziehungen wünschen, von Ihren intimen Beziehungen, engen Freundschaften und so weiter. Wie sehen sie im Idealfall aus? Was möchten Sie gemeinsam unternehmen? Was wünschen Sie sich von ihnen auf geistiger, körperlicher, spiritueller und emotionaler Ebene? Welche Art von Wünschen sollten diese Menschen haben? Woran glauben sie, was sind ihre Werte, Wünsche, Interessen, Regeln, Ängste?

Was wollen Sie in der Beziehung nicht haben?

Eine Person kann all das verkörpern, was Sie sich wünschen. Aber wenn diese Person auch eine Anschauung oder einen Wert vertritt, die/den Sie in Ihrem Leben nicht haben wollen, kann dies die gesamte Beziehung zerstören.

Angenommen, Sie gehen eine intime Beziehung ein und die andere Person scheint alles zu haben, was Sie sich wünschen. Aber sie unterstützt Sie nicht. Wenn Sie so jemanden nicht haben wollen, wird die Beziehung auf Dauer nicht funktionieren. Erstellen Sie daher Ihre Liste mit den Punkten, die Sie in Ihrer Beziehung nicht haben wollen.

Wer müssen Sie werden, um diese Menschen anzuziehen?

Nachdem Sie festgelegt haben, was Sie wollen und was nicht, müssen Sie festlegen, welche Veränderungen Sie an sich vornehmen müssen, um solche Menschen als Freunde oder Partner anzuziehen. Sollten Sie mehr zuhören? Sollten Sie sich mehr in Form bringen? Sollten Sie lernen, besser zu kommunizieren? Schreiben Sie auf, was Sie in Ihrem Leben ändern müssen, um diese neuen Beziehungen anzuziehen.

EIN WEG ZUR ERFÜLLUNG

Nachdem Sie die drei Fragen der vorangegangenen Seite beantwortet haben, lesen Sie Ihre Liste durch, und zwar am besten täglich. Es ist wichtig, zu verstehen, wonach Sie suchen, was Sie vermeiden möchten und was Sie an sich ändern müssen, um diese Ergebnisse zu erzielen.

SO FUNKTIONIEREN LEIDENSCHAFTLICHE BEZIEHUNGEN

Gemeinsamkeiten lassen Beziehungen funktionieren, aber Gegensätze machen Beziehungen spannend und leidenschaftlich. Sie brauchen beides, Gemeinsamkeiten und Gegensätze, damit leidenschaftliche Beziehungen langfristig halten. Manchmal gehen wir eine Beziehung allein aufgrund der Anziehungskraft ein. Anziehungskraft gibt es zwischen Gegensätzen und ist anfangs sehr stark. Es ist leicht, sich von jemandem angezogen zu fühlen, weil er so anders ist. Leider reicht Anziehungskraft allein auf Dauer aber nicht aus. Im Laufe der Zeit können zu viele Gegensätze nervig, frustrierend und problematisch werden. Und wie bereits erwähnt, zerstören manche Gegensätze bei Werten, Ansichten und individuellen Bedürfnissen langfristig eine Beziehung.

Umgekehrt wirken viele Gemeinsamkeiten mit einem Menschen sehr verlockend, aber zu

Es geht darum, das nötige Gleichgewicht aus Sicherheit und Lebendigkeit für eine solide, sinnerfüllte Beziehung zu finden.

viele Gemeinsamkeiten werden irgendwann langweilig. Wenn man immer einer Meinung ist, fehlt es an Abwechslung, damit die Beziehung leidenschaftlich bleibt. Wie oft zerbrechen Beziehungen daran, dass die zwei Menschen nicht als Team zusammenarbeiten, sondern einer ein unselbstständiges Anhängsel des anderen wird, das irgendwann nur noch im Weg steht? Die besten Beziehungen zeigen eine gesunde Mischung aus Gemeinsamkeiten und Gegensätzen. Beide Partner genießen die Gemeinsamkeiten und lernen, die Gegensätze zu respektieren und wertzuschätzen.

ACHT FAKTOREN
WUNDERBARER BEZIEHUNGEN

Sinnerfüllte Beziehungen haben acht Ebenen, die genährt werden müssen, damit die Beziehungen wachsen und immer noch besser werden können: Liebe, Vertrauen, Ehrlichkeit, Fürsorge, Unterstützung, Aufmerksamkeit, Echtheit und Verständnis. Nachfolgend gehen wir näher auf diese acht ein.

Liebe

Es ist möglich, bestimmte Facetten eines Menschen nicht zu mögen und diesen Menschen dennoch als Ganzes zu lieben. Ihre primären Beziehungen erfordern jede Menge Liebe. Wenn Sie jemanden aufrichtig lieben, was würden Sie für diesen Menschen tun? Alles! Sie sollten tatsächlich bereit sein, alles für die Menschen zu tun, die Sie lieben. Auf diese Weise stärken Sie zudem Ihre Beziehungen.

Natürlich ist das Gefühl, geliebt zu werden, nicht zu verwechseln mit dem Gefühl, gebraucht zu werden. Sie sollten sich dennoch intensiv bemühen, zu verstehen, was Ihre Lieben brauchen. Und den primären Beziehungspartnern in Ihrem Leben sollte es genauso gehen. Wenn dem nicht so ist, sollten Sie sich fragen, ob dieser Mensch es wert ist, zu Ihren primären Beziehungen zu gehören, und ob er die Zeit wert ist, die Sie für diese Beziehung aufbringen.

Vertrauen

Wenn Sie jemandem voll und ganz vertrauen, sind Sie offen und ganz Sie selbst. Das fördert die engstmögliche Beziehung. Vertrauen schafft mehr Vertrauen und daraus entsteht eine beständige Ehrlichkeit auf beiden Seiten.

Ehrlichkeit

Lügen heißt, jemanden vorsätzlich zu täuschen. Manchmal ist es einfacher, zu lügen. Aber ungeachtet der Umstände und ganz gleich, wie klein oder groß die Lüge ist: Lügen ist falsch und schädlich für Ihre Beziehungen.

»Ehrlichkeit ist ein Geschenk, das wir unseren Mitmenschen machen können«, schreibt Dr. Sam Harris in seinem Buch »Lying. Gibt es gute Lügen?« Und er fährt fort: »Geben wir uns selbst das Versprechen, dass wir immer versuchen werden, bei der Wahrheit zu bleiben, und zwar unabhängig von den jeweiligen Umständen, brauchen wir uns auf kein Gespräch mehr vorzubereiten. Wir können dann einfach nur wir selbst sein.«

Daher ist Ehrlichkeit nicht nur unerlässlich in Beziehungen, sondern auf Dauer auch spürbar einfacher. Und wenn eine Beziehung nicht auf Ehrlichkeit aufgebaut ist, lohnt es sich auch nicht, sie weiterzuleben.

DIE ACHT FAKTOREN GELINGENDER BEZIEHUNGEN IM ÜBERBLICK

◇ Liebe: Was würden Sie für den anderen tun? Alles!

◇ Vertrauen: Es macht Sie vollkommen offen füreinander und stärkt Sie beide.

◇ Ehrlichkeit: Die Basis einer Beziehung ist der offene und ehrliche Umgang miteinander.

◇ Fürsorge: Sie behandeln einander so, wie Sie selbst gern behandelt werden möchten.

◇ Unterstützung: Die Erfolge des anderen sind immer auch Ihre Erfolge, über die Sie sich von Herzen freuen und für die auch Sie Ihren Einsatz geben.

◇ Aufmerksamkeit: Wie schön ist es, wenn ein anderer Ihnen voll und ganz zuhört! Geben Sie genau das auch Ihren Beziehungspartnern.

◇ Echtheit: Authentisch zu sein, ist das Beste, was Sie Ihren Beziehungen schenken können.

◇ Verständnis: Einander zu verstehen, macht Beziehungen reich und harmonisch.

Fürsorge

Sie geht mit Vertrauen einher. Fürsorge ist der aktivste, der ultimative Weg, sinnvoll zu einer Beziehung beizutragen. Fürsorge bedeutet, dass Ihnen der andere Mensch so sehr am Herzen liegt, dass Sie dies durch stetiges Handeln ausdrücken. Ihr Handeln zeigt ihm Ihre Fürsorge. Ob aus Mitgefühl, Sympathie oder Bewunderung: Wir alle schätzen jemanden, der sich wirklich um uns und unser Leben sorgt. Folglich sollten wir entsprechend handeln. Genauso wie wir gern behandelt werden möchten.

Unterstützung

Die stärksten Beziehungen sind diejenigen, in denen man sich gegenseitig unterstützt. Das heißt, wir zeigen nicht nur unsere Fürsorge, sondern sind ehrlich begeistert, wenn der andere begeistert ist. Wir sind ehrlich glücklich, wenn der andere glücklich ist, und ermutigen den anderen, sich gemeinsam mit uns, Seite an Seite, weiterzuentwickeln.

Aufmerksamkeit

Ganz oft, speziell auf unserer Website, reden wir davon, wie wichtig es ist, wirklich anwesend zu sein, im Augenblick zu leben (siehe minimalists.com/be, auf Englisch). Dafür braucht es Fokus, Konzentration und Aufmerksamkeit.

Dies gilt ganz besonders für Ihre engsten Beziehungen. Wenn Ihnen diese Menschen so wichtig sind, dann verdienen sie auch Ihre ungeteilte Aufmerksamkeit, wenn Sie zusammen sind. Kein Smartphone. Kein Instant Messaging. Keine Textnachrichten. Kein Fernsehen aus dem Augenwinkel. Ihre Beziehungen sind wichtig und entsprechend zu behandeln.

Hören Sie Ihrem Gegenüber aufmerksam zu. Das kann eine sehr schöne Erfahrung sein. Und Sie werden angenehm überrascht sein, welche Reaktionen Sie von dem anderen erhalten, wenn Sie ihm Ihre volle und ungeteilte Aufmerksamkeit schenken. Wenn Sie mehr darüber lesen möchten, empfiehlt sich »Most Emergencies Aren't«, das auf Englisch unter minimalists. com/emergencies vorliegt.

Echtheit

Denken Sie an Menschen, die Sie aufgrund ihrer Ehrlichkeit, Offenheit und Integrität respektieren und schätzen. Solche Menschen kennen Sie, oder? Denken Sie einen Moment über einen dieser Menschen nach.

Sie empfinden ihn als echt. Unverfälscht. Authentisch. Es ist erfrischend, einen solchen Menschen um sich zu haben, ihn kennenzulernen, sich auszutauschen. In der Gesellschaft authentischer Menschen fühlen wir uns sicher – als würden wir ihnen unsere tiefsten und dunkelsten Geheimnisse anvertrauen, als könnten wir ihnen bei allem voll und ganz vertrauen.

Und wenn wir diese Menschen besser kennenlernen, eine Verbindung zu ihnen aufbauen, ist es erfrischend, festzustellen, dass sie so sind, wie wir es vermutet haben. Dass sie auch bei näherem Hinsehen ganz und gar sie selbst sind.

Authentische Menschen folgen keinem Terminplan – und haben dennoch Wünsche, Hoffnungen, Bestrebungen, Sehnsüchte, Ansprüche. Authentische Menschen sind vertrauenswürdig – und werden dennoch gelegentlich nicht beachtet. Authentische Menschen sind etwas

Authentische Menschen können dem Sturm trotzen – und werden dennoch nass.

ganz Besonderes – und dennoch manchmal oberflächlich. Authentische Menschen nehmen sich Zeit, zuzuhören – und dennoch hören sie manchmal nicht alles.

Authentische Menschen sind leidenschaftlich, zufrieden, unbeschwert, in sich ruhend, freundlich und hilfsbereit – und dennoch sind sie immer noch Menschen mit all ihren Sorgen und Zweifeln. Menschen, die dann und wann Fehler machen und falsche Entscheidungen treffen. Ja, auch authentische Menschen sind fehlbar. Authentische Menschen sind unvollkommen. Authentische Menschen sind ängstlich. Authentische Menschen unterliegen der Versuchung durch Herrschsucht und Habgier – überall auf dieser Welt.

Niemand von uns ist perfekt, aber wir alle haben die Fähigkeit, authentisch zu sein, Heuchelei und Fassade aus unserem Repertoire zu streichen und einfach ganz authentisch wir selbst zu sein. Und nicht der Mensch, der wir unserer Meinung nach sein sollen. Authentisch zu sein, ist das Beste, was wir unseren Beziehungen schenken können.

Verständnis

Der letzte Faktor wunderbarer Beziehungen ist vielleicht der komplizierteste und schwierigste, da es nicht leicht ist, andere Menschen wirklich zu verstehen. Daher soll dieser Abschnitt als Rezept zum Verständnis anderer dienen.

Streit ist der Nährboden für alle Arten von Unzufriedenheit. Und doch entstammen viele Streitigkeiten, insbesondere mit den Menschen, die wir lieben, aus einem einfachen Missverständnis, das unverhältnismäßig aufgebauscht wird. Um diese Spirale der Missverständnisse zu unterbrechen und letztendlich zu gemeinsamer Zufriedenheit zu gelangen, sollten wir vermeiden, impulsiv zu handeln, und stattdessen die vier Phasen wirklichen Verständnisses durchlaufen:

Tolerieren: Toleranz ist eine schwache Tugend, aber ein guter Ausgangspunkt. Wenn das Verhalten eines Menschen als störend erscheint, ist es am besten, Kurzschlussreaktionen und den eigenen Kampf-und-Flucht-Reflex zu vermeiden und stattdessen Wege zu finden, diese Unterschiede zu tolerieren.

Angenommen, Sie sind ein angehender Minimalist, aber Ihr Partner ist ein enthusiastischer Sammler. Ihre Ansichten sind also deutlich gegensätzlich. Ihr Partner ist der Überzeugung, dass das Sammeln von Porzellanfiguren oder alten Gitarren das Allergrößte ist, für Sie hingegen ist das alles überflüssiger Kram.

Daher überlegen Sie möglicherweise, wie Sie Ihren Partner von Ihrem einzig wahren Standpunkt überzeugen können – was extrem frustrierend sein kann. Keine Sorge, Sie müssen nicht sofort zu einer gemeinsamen Meinung kommen. Sie müssen lediglich verstehen, dass Sie beide Ihre Gründe für Ihre jeweilige Meinung haben. Indem Sie die Eigenheiten des anderen tolerieren und ihn in seiner Weltanschauung glücklich leben lassen, verstehen Sie seinen obsessiven Hang zu schaurigen Figürchen und ungespielten Musikinstrumenten zwar nicht, aber zumindest sind Sie auf dem besten Weg, diese Person zu verstehen.

> *Die andere Person in ihren Eigenheiten immer besser zu verstehen, das ist der erste wichtige Schritt.*

Akzeptieren: Um wirklich im Einklang mit anderen zu leben, müssen wir möglichst bald von der Toleranz weiter zur Akzeptanz gehen. Nachdem Sie gemeinsam versucht haben, die Eigenheiten des jeweils anderen zumindest zu tolerieren, erscheint eine Ansicht weniger albern und mit der Zeit sinnvoller. Nicht für Sie, aber für jemanden, der Ihnen wichtig ist. Wenn Sie erkannt haben, dass die Sammlung Ihres Partners einen Zweck für ihn erfüllt, können Sie es leichter akzeptieren, da es zu ihm als Mensch gehört. Und obwohl Sie vielleicht ein bestimmtes Verhalten nicht mögen, hören Sie nicht auf, den ganzen Menschen mit all seinen Marotten weiterhin zu lieben.

> *Ein Mensch kann Marotten haben – aber indem Sie diese akzeptieren, fördern Sie Ihre Liebe zum anderen und Ihre gemeinsame Beziehung.*

VIER PHASEN HIN ZUM VERSTÄNDNIS

Vier Schritte führen Sie zum vollen Verständnis eines anderen Menschen. Hier sind sie noch einmal im Überblick:

1. Tolerieren

2. Akzeptieren

3. Respektieren

4. Achten

Respektieren: Es ist manchmal schwierig, die Eigenheiten eines anderen Menschen nicht nur zu tolerieren, sondern wirklich zu akzeptieren. Eine echte Herausforderung aber ist es, diesen Menschen genau wegen dieser Eigenheiten zu respektieren. Überlegen Sie mal: Es hat x Jahre gedauert, bis Sie Ihre gegenwärtigen Überzeugungen erreicht haben. Also ist es unsinnig, zu erwarten, dass der andere von jetzt auf gleich zu derselben Überzeugung kommt – ganz gleich, wie stichhaltig Ihre Argumente sind. Gut, Sie würden nie im Leben Figürchen oder Gitarren sammeln, aber es gibt viele Anschauungen, an denen Sie festhalten und die jemand anderem auf den ersten Blick absurd erscheinen könnten.

Auch wenn andere nicht Ihrer Meinung sind, selbst wenn sie Ihren Standpunkt nicht verstehen, wollen Sie doch, dass sie Ihre Ansichten weiterhin respektieren, oder? Warum also nicht denselben Respekt gegenüber den Menschen aufbringen, die Sie lieben? Nur dann werden Sie sich besser verstehen, nur dann beginnen Sie zu erkennen, dass Ihre

Gegenseitiger Respekt – ein äußerst wertvolles Gefühl.

Sicht nicht das Maß aller Dinge ist, nach dem sich jeder zu richten hat. Natürlich ist es schön, ein Zuhause ohne Krimskrams zu haben – vor allem für Minimalisten. Aber es ist noch viel schöner, sein Leben mit Menschen zu teilen, die Sie respektieren. **Achten:** Mit Respekt im Rücken ist es zum vollen Verständnis nicht mehr weit. Angenommen, Ihr sammelnder Partner hat große Freude an seiner Sammlung. Warum wollten Sie das ändern wollen? Sie wollen doch, dass er glücklich ist, oder?

Wenn ihn also seine Sammlung mit Glück erfüllt und Ihnen der Mensch wirklich am Herzen liegt, sollte seine Sammlung auch Glück in Ihr Leben bringen, weil Glück ansteckend ist. Das klappt aber nur, nachdem Sie die Auseinandersetzungen, die Phasen von Tolerieren, Akzeptieren und Respektieren durchlaufen haben und Sie die Wünsche, Werte und Ansichten des anderen wirklich achten.

Wir alle sind auf ganz unterschiedlichen Wegen in Richtung Glück unterwegs. Doch selbst wenn wir dabei verschiedenartige Wege gehen, ist es wichtig, alle diese Wege zu schätzen und zu achten – nicht nur unseren Weg, sondern die Wege aller Menschen, die wir lieben. Wenn

Mit dem vierten Schritt auf dem Weg zum Verstehen sind Sie Ihrem Beziehungspartner sehr viel nähergekommen.

wir andere so schätzen und achten, wie sie sind, und nicht, wie wir sie haben wollen, dann – und nur dann – werden wir diese Menschen verstehen. Und was könnte für die Beziehung besser sein?

T. A. R. A.

Wenn Sie das nächste Mal an einer Weggabelung stehen, denken Sie an T. A. R. A.: Tolerieren, Akzeptieren, Respektieren und Achten. Wenn Sie diesen Weg häufig nehmen, werden Ihre Beziehungen gedeihen und Sie erleben eine bereichernde Erfahrung, die ohne das tiefe Verständnis für die Menschen in Ihrem Leben nicht möglich gewesen wäre.

Dieser Weg der vier Schritte funktioniert nicht nur für Lebenspartner, sondern auch für Freunde, Kollegen und jeden Menschen, mit dem wir eine stärkere Verbindung eingehen möchten. Natürlich wird es Zeiten geben, wo Werte kollidieren und wir den anderen nicht so schätzen und achten können, wie er ist. Und es wird die seltenen Fälle geben, in denen T. A. R. A. grundsätzlich der falsche Weg ist: Wenn jemand ein destruktives Verhalten zeigt – Drogen, Kriminalität, Rassismus und so weiter –, sollten Sie dieses Verhalten nicht achten. Manchmal muss man Lebewohl sagen und auf anderen Wegen weitergehen. Und das ist gut so.

Letztlich beantwortet das Verstehen die wichtigen Beziehungsfragen: Was bewegt den anderen? Was will er? Was braucht er? Was begeistert ihn? Welche Wünsche hat er? Was lässt ihn leiden? Woran hat er Freude? Was macht ihn glücklich?

Wenn Sie diese Fragen beantworten können, verfügen Sie über das Verständnis, das Sie brauchen, um die Bedürfnisse des anderen zu erfüllen. Und wenn Sie sich gegenseitig Ihre Bedürfnisse erfüllen, ist Ihnen eine lebendige, leidenschaftliche und wachsende Beziehung sicher. Wenn Sie zusätzliche Lektüre wünschen, empfehlen wir »Goodbye Fake Friends« (minimalists.com/fake), »Letting Go of Relationships« (minimalists.com/relationships), »Prepared to Walk Away« (minimalists.com/walk-away) (alle auf Englisch).

PFLEGEN SIE IHRE BEZIEHUNGEN

Vergessen Sie niemals, Wege zu finden, Ihre primären Beziehungen jeden Tag zu nähren und zu pflegen. Sie sind zu wichtig, um ignoriert oder vernachlässigt zu werden. Wenn Sie sich auf die hier im Kapitel aufgeführten acht Faktoren konzentrieren, werden Sie Ihre Beziehungen mehr stärken, als Sie es jemals für möglich gehalten haben. Natürlich braucht es ein erhebliches Maß an Mühe, Aufmerksamkeit und Zeit, aber sinnvolle Beziehungen sind ganz sicher jede Ihrer Mühen und Anstrengungen wert.

LEIDENSCHAFTEN

Die Pflege Ihrer Leidenschaften ist der wichtigste
der fünf Werte des Minimalismus.
Das glauben Sie nicht?
Sehen Sie selbst.

WARUM LEIDENSCHAFTEN
SO WICHTIG SIND

Stellen Sie sich – wieder einmal – vor, Sie gewinnen im Lotto, sind in der besten Form Ihres Lebens, finden Ihren Seelenverwandten, bauen die sinnerfüllendsten Beziehungen auf, begleichen sämtliche Schulden, ziehen in Ihr Traumhaus (natürlich am Meer) und müssen nie wieder arbeiten.

Und jetzt stellen Sie sich vor, sie wachen morgen auf und übermorgen und überübermorgen – und haben nichts zu tun. Nichts, das Sie begeistert, nichts, das Ihr Lebensfeuer lodern lässt. Was für eine schreckliche Vorstellung. Irgendwann haben Sie sämtliche Fernsehserien gesehen und waren überall auf der Welt im Urlaub. Und dann stellen Sie fest, dass die Leidenschaft in Ihrem Leben fehlt, dass es Ihrem Leben an Sinn und Bedeutung fehlt. Ohne Leidenschaft werden Sie keine Erfüllung empfinden. Das ist oftmals die Grundursache für dieses Gefühl der Unzufriedenheit, das so viele Menschen kennen.

WIE SIE ÜBER IHRE ARBEIT SPRECHEN

Zurück ins wahre Leben. Betrachten wir einmal Ihren ganz normalen Tagesablauf. Wie verbringen Sie den Tag? Haben Sie einen typischen Bürojob mit festen Zeiten? Kümmern Sie sich zu Hause um die Kinder? Sind Sie selbstständig?

Was immer Sie tun: Der Grad Ihrer Leidenschaft kann recht gut daran gemessen werden, wie Sie über Ihre Arbeit sprechen. Wir neigen dazu, unsere Arbeit wahlweise wie folgt einzuordnen: Job, Karriere oder Berufung. Welchen dieser Begriffe verwenden Sie für Ihre Arbeit? Haben Sie einen Job? Eine Karriere? Oder gehören Sie zu den Menschen, die ihre Arbeit als ihre Berufung bezeichnen? Die meisten haben einen Job – die tägliche Tretmühle. Und wer arbeitslos ist, sucht vermutlich händeringend nach einem Job. Der sagenumwobene American Dream ist – weit über Amerika hinaus – ein kultureller Imperativ, eine kulturelle Verpflichtung: So sollte man den Erwartungen zufolge arbeiten. Uns wurde in der Highschool und am College beigebracht, außerordentlich hart zu arbeiten und Dinge zu tun, die uns herzlich egal waren, damit wir einen »guten Job« finden. Einen Job mit regelmäßigem Einkommen, guten Zusatzleistungen und vielleicht sogar mit Altersvorsorge. Und dann sollen wir diesen zermürbenden Job 40 Jahre lang ausüben, damit wir eines Tages in Rente gehen und die restlichen paar Jahre unseres Lebens genießen können (versicherungsstatistische Untersuchungen haben ergeben, dass die durchschnittliche Lebensdauer ab dem Eintritt in den Ruhestand in bestimmten Bevölkerungsgruppen nur drei Jahre beträgt). Uns wurde beigebracht, für ein lebloses Unternehmen zu schuften und unser wertvollstes Gut (nämlich unsere Zeit) für die monatliche Gehaltsabrechnung zu opfern. Uns wurde beigebracht, dass diese Gehaltsabrechnung weitaus mehr Wert beinhaltet, als sie in Wahrheit hat. Und all die Dinge, die wir damit kaufen können!

Die Wahrheit ist, dass wir alle Geld zum Leben brauchen. Wir müssen für ein Dach über dem Kopf zahlen, für Nahrungsmittel, Kleidung, medizinische Pflege und diverse andere Notwendigkeiten. Aber der eben beschriebene Kreislauf, der uns als »American Dream« verkauft wurde, ist ohne jeden Sinn. Stattdessen ist es für viele beklemmend und garantiert ein verlorenes Unterfangen, diese Ideale zu verfolgen.

Der American Dream machte uns nicht glücklich.

DIE HÄSSLICHEN WURZELN EINER KARRIERE

Wenn Ihre tägliche Arbeit bloß ein Job für Sie ist, ist es schwierig, sich in der Arbeitszeit erfüllt zu fühlen. Selbst wenn Sie extrem hart arbeiten und bewusst Karriere machen, ist es wahrscheinlich nicht leicht, in der knappen Freizeit, die Ihr Job zulässt, ein sinnerfülltes Leben zu schaffen. Eine Karriere ist nämlich das Gefährlichste, was Sie haben können, wenn Sie nach einem Sinn in Ihrem Leben suchen.

GEFAHR!

Karrieren sind gefährlich, weil die meisten Menschen so viel von sich selbst in diese Karriere investieren, dass sie sich eine Identität und einen sozialen Status schaffen, der auf nicht viel mehr als ihrer Berufsbezeichnung basiert.

Überlegen Sie mal: Eine der ersten Fragen, die man von unbekannten Menschen gestellt bekommt, lautet:»Und was machen Sie?« Auf den ersten Blick scheint das eine recht harmlose Frage zu sein, oder? Aber die eigentliche Frage lautet gar nicht:»Was machen Sie?« Die Antwort darauf kann schon recht komplex sein und von»Ich helfe ehrenamtlich in einer Suppenküche«, »Ich arbeite im Supermarkt«,»Ich gehe am Wochenende gerne angeln« bis zu»Ich mache an fünf Tagen die Woche Sport«,»Ich trinke Wasser« und so weiter reichen. Nein, die Frage dahinter lautet:»Womit verdienen Sie Ihren Lebensunterhalt? Wo arbeiten Sie?« Das hat rein wörtlich genommen mit der gestellten Frage nicht viel zu tun. Doch diese»unschuldige« Frage bedeutet eigentlich:»Ich werde über dich als Person anhand dessen urteilen, womit du dein Geld verdienst, und ich werde dir aufgrund deiner Beschäftigung einen bestimmten sozialen Status zuordnen.«

Wir alle hören diese Frage so oft, dass wir uns über unsere Karrieren definieren.»Was wir machen« ist unsere Kernidentität und wir ordnen unserem Beruf einen weitaus höheren gesellschaftlichen Stellenwert zu, als er verdient. Sobald sich jemand als Mensch über seine Karriere definiert, ist es schwierig, diese Identität wieder abzulegen, selbst wenn man seine Karriere hasst, so in dem Sinne von:»Ich will hier gar nicht arbeiten, aber das ist nun mal das, was ich bin.«

DIE »ANDERE« ANTWORT

Zum Glück gibt es bessere Antworten auf die Frage »Und was machen Sie?« Wir stellten fest, dass die Menschen diese Frage automatisch stellen, ohne groß darüber nachzudenken. Ähnlich wie bei der Frage»Wie geht es Ihnen?« Am besten bringen Sie also Ihr Gegenüber dazu, über die gedankenlose Frage nachzudenken. Wir beide beantworten diese Frage meistens mit einer

Gegenfrage, zum Beispiel: »Das ist eine komplexe Frage. Was genau meinen Sie damit?« oder »Das ist eine komplexe Frage, die wir am besten bei einem Kaffee besprechen.« Sie könnten auch erzählen, was Sie leidenschaftlich begeistert, statt reflexartig Ihre berufliche Tätigkeit runterzuleiern. Antworten Sie also anstelle von »Ich bin Verwaltungsdirektor« »Ich liebe es, zu schreiben« (zu zeichnen, zu klettern – eben das, was Sie leidenschaftlich gern machen). Es ist nett, an diese Antwort die Frage »Und was begeistert Sie?« anzuschließen. Diese Antwort lenkt das Gespräch in eine komplett andere Richtung und ändert sich von »Was machen Sie?« hin zu »Was sind Ihre Leidenschaften?«, was weitaus interessanter ist.

Solche Antworten lassen Ihr Gegenüber die Frage sofort revidieren und helfen Ihnen gleichzeitig, sich daran zu erinnern, dass Sie weitaus mehr sind als Ihre Karriere. Sie sind eine Mutter, ein Vater, eine Schwester, ein Bruder, ein Ehemann, eine Ehefrau, ein Lebenspartner, eine Lebenspartnerin, ein gesunder Mensch, ein sich weiterentwickelnder Mensch, ein Mensch mit sozialem Engagement, ein leidenschaftlicher, begeisterter Mensch mit einem sinnerfüllten Leben.

Indem Sie Ihren eigenen Gedankenprozess ändern, den diese Frage auslöst, können Sie die schädlichen Wurzeln ausgraben, die jede Karriere hat. Im Laufe der Zeit können Sie Ihre Identität von Ihrer Karriere trennen und sie dorthin verpflanzen, wo sie hingehört: in Ihr Leben. Ihre Identität sollte Ihrem sin-

Vergessen Sie niemals: Sie sind nicht Ihre Karriere.

nerfüllten Leben entstammen und nicht dadurch bestimmt sein, wie Sie Ihr Geld verdienen (weitere Gedanken zu diesem Thema finden Sie unter: minimalists.com/Do, auf Englisch).

UNSERE LEIDENSCHAFTEN

Joshuas Leidenschaft ist das Schreiben. Ryans Leidenschaft ist das Beraten anderer Menschen. Nachdem wir unsere Leidenschaft entdeckt hatten, konnten wir sie innerhalb von zwei Jahren zu unserer Berufung machen.

JOSHUAS UND RYANS LEIDENSCHAFTEN

Sie wissen mittlerweile, dass wir die Karriereleiter in einem Unternehmen aufgestiegen waren, schicke Titel hatten und gutes Geld verdienten. Doch da liegt der Schlüssel: Wir hatten Karrieren. Was meinen Sie: Wie groß war unsere Leidenschaft, als wir uns auf die Karriere konzentrierten statt auf unsere Berufung?

Ja, wir arbeiteten hart und schufteten 70 und mehr Stunden pro Woche für ein Unternehmen. Ja, manche Seiten unserer Karriere gefielen uns. Und ja, wir empfanden es oft als Privileg, in unserem jungen Alter solche »schönen« Karrieren zu haben, noch dazu ohne College-Abschluss. Aber letztlich erfüllte uns unsere Arbeit nicht. Wir lebten nicht unsere Berufung aus.

Da uns unsere Karriere nicht erfüllte, taten wir das, was die Gesellschaft allgemein erwartete: Wir kauften lauter überflüssige Dinge, gaben zu viel Geld aus und lebten von Gehaltsabrechnung zu Gehaltsabrechnung. Wir suchten Glück mit jedem Besuch im Einkaufszentrum oder mit jedem Luxusurlaub, den wir uns gönnten. Statt unsere Leidenschaft zu pflegen, statt nach unserer Berufung zu suchen, befriedigten wir uns mit flüchtigen Genüssen, deren Reiz sehr schnell wieder verflogen war.

Schließlich stellten wir fest, dass unsere Leidenschaft und somit unsere Berufung weit hinter dem Konsumhorizont auf uns warteten. Doch zunächst mussten wir uns von sehr vielen Ankern lösen, um in klarere Gewässer vorzudringen.

DER ZUSAMMENSCHLUSS VON LEIDENSCHAFT UND BERUFUNG

Wir meinen nicht, dass die Arbeit in einem Unternehmen etwas Böses oder Schlechtes ist. Wir glauben auch nicht, dass man zwingend eine besondere Leidenschaft haben sollte oder jeder Mensch eine »wahre Berufung« hat.

Stattdessen glauben wir, dass man für nahezu alles eine Leidenschaft entwickeln kann. Und somit kann auch jede Art von Arbeit eine Berufung sein. Nur weil der eine etwas langweilig findet, bedeutet das nicht, dass es ein anderer nicht als absolut spannend und lohnenswert empfinden kann. Das Herz des einen schlägt vielleicht leidenschaftlich für die Buchhaltung, während der andere leidenschaftlich gern reitet. Und beides ist absolut gleichwertig. Für uns klingt beides nicht sehr spannend, aber das heißt nicht, dass es nicht andere Menschen begeistert.

Gelegentlich finden Menschen einen Arbeitsbereich, der ihnen die ultimative Befriedigung bringt. Wer tut, was er liebt, und dafür bezahlt wird, nennt seine Arbeit oftmals seine Berufung. Gehören Sie dazu? Gratulation! Sie sind einer von wenigen. Wenn Sie keine Dankbarkeit und Leidenschaft für Ihre tägliche Arbeit empfinden, haben Sie Ihre Berufung vermutlich noch nicht gefunden. Oder Sie nähren und pflegen sie nicht. Die weiteren Abschnitte dieses Kapitels sollen Ihnen helfen, Ihre Leidenschaften zu finden und Ihrer Berufung zu folgen.

Manchen fällt das leicht. Diese Menschen kennen ihre Leidenschaften bereits, leben sie aber vielleicht noch nicht als dauerhafte Berufung aus. Für andere ist es das Schwerste, die Berufung überhaupt zu finden. Sie wissen nicht, was sie machen wollen, sie wissen nicht, was sie leidenschaftlich begeistert, sie haben keine Vorstellung von ihrer Berufung.

Egal, wo Sie dabei stehen: Der Rest dieses Kapitels hilft Ihnen, die Anker zu finden, die Sie davon abhalten, Ihre Leidenschaften zu entdecken und zu pflegen.

EIN IRRTUM ÜBER LEIDENSCHAFTLICHE MENSCHEN

Ein allgemeiner Irrtum über leidenschaftliche Menschen ist, dass sie von Natur aus so sind. Dieser Irrtum ist unlogisch und fernab jeglicher Wahrheit. Denn Menschen, die begeistert sind von dem, was sie machen, sind in den meisten Fällen nicht anders als die Menschen, die ihrer Arbeit *Leidenschaftliche Menschen sind* ohne Leidenschaft nachgehen. *genau wie Sie.* Manchmal mögen auch leidenschaftliche Menschen morgens nicht aufstehen, manchmal wollen sie nicht mit der Arbeit an dem neuen Projekt beginnen, das drohend vor ihnen auftaucht. Und an anderen Tagen wiederum hüpfen sie morgens aus dem Bett, voller Begeisterung und motiviert durch ihre Berufung.

LEIDENSCHAFT ERZEUGT MEHR LEIDENSCHAFT

Es gibt jedoch zwei deutliche Unterschiede zwischen leidenschaftlichen Menschen und Menschen ohne Inspiration.

Erstens: Leidenschaftliche Menschen wissen, wofür sie sich begeistern. Reduziert auf diesen einen Satz mag diese Aussage banal klingen, aber ehrlich gesagt ist niemand nur bei einer Sache mit Leidenschaft dabei. Joshua schreibt nicht nur leidenschaftlich gern, er begeistert sich auch für viele andere kreative Tätigkeiten. Ebenso liegt Ryans Leidenschaft nicht einzig und allein im Mentoring, er fährt auch begeistert Snowboard, Wakeboard und Longboard – eigentlich alles, was mit einem Board zu tun hat (mit Ausnahme von Waterboards). Leidenschaftliche Menschen wissen, was sie am meisten begeistert, aber sie wissen auch, wofür ihr Herz noch schlägt: Sie wissen, was ihnen Energie gibt und sie in Verzückung versetzt.

Zweitens erzeugt Leidenschaft mehr Leidenschaft. Leidenschaftliche Menschen wenden sich ihrer Leidenschaft zu, wenn ihnen die Inspiration fehlt. An den Tagen, an denen sie nicht aufstehen oder nicht mit diesem neuen Projekt beginnen wollen, konzentrieren sich leidenschaftliche Menschen auf die Dinge, die sie begeistern. Während der Arbeit an diesem Buch gab es *Leidenschaftliche Menschen wissen, wofür sie leben.* zum Beispiel Zeiten, speziell beim Überarbeiten der ersten Entwürfe, die extrem eintönig schienen. Statt auf Inspiration durch einen plötzlichen Leidenschaftsanfall zu warten, beschlossen wir, unsere Reise durch die trüben Gewässer der Eintönigkeit fortzusetzen, und behielten derweil die Dinge im Auge, von denen wir wussten, dass sie unsere Leidenschaft wecken.

Tatsächlich dienten unsere Leidenschaften als Licht am Ende des Tunnels. Wir wühlten uns tief durch die Langeweile und konnten uns so auf das konzentrieren, was wichtig war. Ohne unsere Leidenschaft als leuchtender Stern hätte es leicht passieren können, dass wir vom Kurs abkommen und nie zurückkehren. Als der Entwurf dieses Buchs fast fertig war, waren wir beide begeistert von unserem Werk und was es den Menschen bedeuten würde, mit denen wir es teilten.

Die eigene Leidenschaft zu nutzen, um konzentriert bei einer Sache zu bleiben und mehr Leidenschaft zu generieren, ist entscheidend, wenn Sie Ihre Berufung finden wollen. Doch zunächst müssen Sie herausfinden, wo Ihre Leidenschaften liegen.

LÖSEN SIE IHRE ANKER, UM IHRE LEIDENSCHAFT ZU FINDEN

Es ist oftmals schwierig, die eigenen Leidenschaften zu finden, da wir uns gern in der Geschäftigkeit unserer täglichen Routine festfahren. Es ist einfach, Tag für Tag den wenig inspirierenden, leblosen Ablauf unseres Jobs hinzunehmen. Es ist einfach, sich an das Alltagsleben zu klammern – und weitaus schwieriger, sich von diesen Ankern zu lösen.

Wir fanden diese vier Anker in unserem Leben, die uns von unseren Leidenschaften abhielten: Identität, Status, Sicherheit und Geld. In den·folgenden Abschnitten geht es darum, diese Anker zu lösen.

DEN ANKER
»IDENTITÄT« LÖSEN

Wer sind Sie? Haben Sie jemals über diese Frage nachgedacht? Auf den ersten Blick eine recht einfache Frage, aber in Wahrheit die wichtigste überhaupt. Und nicht so leicht zu beantworten. Weil sie so komplex ist, nehmen wir oft unseren Beruf als Antwort: »Ich bin Lehrerin«, »Ich bin Buchhalter«, »Ich bin Hausfrau und Mutter«. Während dies annehmbare Antworten auf eine Frage sind wie »Womit verdienen Sie Ihren Lebensunterhalt?« oder »Womit verbringen Sie den Großteil Ihrer Zeit?«, werden sie problematisch, wenn wir diesen Etiketten so viel Bedeutung geben, dass sie besagen: »Das macht mich als Person und als Mensch aus.«

Wenn Sie Ihren Beruf mit Ihrer Person gleichsetzen, ist es außerordentlich schwer, etwas anderes zu machen. Dies ist einer der Gründe, warum Menschen die Stelle wechseln, aber in derselben Branche bleiben: »Ich war als Verkaufsleiter bei Papierhersteller ABC nicht glücklich, aber als Verkaufsleiter bei Papierhersteller XYZ werde ich bestimmt glücklich sein!« Die Menschen definieren ihre Identität so sehr über ihren Beruf, dass sie nur schwer begreifen, dass sie weitaus mehr sind und auf so vielfältig andere Art schön sind.

Sie sind so viel mehr als Ihr Job!

Wenn Sie in dieser Art von Identität gefangen sind, ist es schwer, zu erkennen, dass Sie nicht Ihr Job sind, nicht Ihre ganzen materiellen Dinge, nicht Ihr Gehalt – Sie sind so viel mehr. Sie sind ein Bruder, ein Vater, eine Mutter, eine Schwester, ein liebender Partner, eine Freundin, ein Macher und Gestalter, eine sozial engagierte Person, ein menschliches Wesen, das so viel mehr kann als diesen Job.

Wir beide arbeiteten daran, uns aktiv über aussagekräftigere Bezeichnungen als unsere damaligen Berufsbezeichnungen zu identifizieren. Wir wollten nicht einfach »Direktor« oder »Manager« sein. Das bedeutete, dass wir lernten, uns öffentlich über aussagekräftige Bezeichnungen wie »Mentor«, »Wegbereiter«, »Ehrenamtlicher« und »Minimalist« zu identifizieren.

WER SIND SIE?

Sie wissen, was Ihre Berufsbezeichnung ist. Aber mit welchen anderen aussagekräftigen Bezeichnungen können Sie sich identifizieren? Wer sind Sie noch? Sobald Sie sich von der Diktatur der Identität befreit haben, ist auch der Weg frei, sich von Ihren anderen Ankern zu lösen.

DEN ANKER
»STATUS« LÖSEN

Wenn wir die Karriereleiter erklimmen und mehr Routine, Erfahrung und Annehmlichkeiten in unserem Job und der Karriere genießen, erleben wir oft ein seltsames Phänomen: Wir verbinden Status zuerst mit unserem Beruf. Die eigene Karriere macht uns wichtig und bedeutsam. Darum sind so viele Menschen beschämt, verlegen und fühlen sich unbedeutend und sogar deprimiert, wenn sie ihren Job verlieren. Natürlich macht man sich Sorgen ums Geld und wie man seinen Lebensunterhalt verdienen soll, aber nach der ersten Panik über das ausbleibende Gehalt fühlt man sich ohne seinen Job leer und unbedeutend. Das kann nur daran liegen, dass wir Menschen gern relativ unwichtige Dinge mit einer hohen Bedeutung belegen.

Wenn Sie in den Fängen des Statusdenkens sind, ist es schwer, zu erkennen, dass es noch andere Aspekte in Ihrem Leben gibt, die weitaus wichtiger sind als Ihr Beruf – zum Beispiel die in diesem Buch behandelten fünf Werte Gesundheit, Beziehungen, Leidenschaften, Weiterentwicklung und soziales Engagement. Wir verbinden ein hohes Maß an sozialem Status mit unserer Anstellung, weil wir diese im Moment am einfachsten kontrollieren können.

Wenn Sie hart arbeiten (selbst wenn Sie Ihren Job hassen), werden Sie sofort belohnt. Sie bekommen Auszeichnungen, Prämien, Lob vom Vorgesetzten, private Anerkennung, Neid der Kollegen, Sie erleben das Einschmeicheln der Kollegen, empfundene Macht, tragen immer mehr Verantwortung und so weiter. Sie erhalten außerdem langfristige Belohnungen wie Gehaltserhöhungen, Boni, Provisionen, Beförderungen, Incentives, Zusatzleistungen und was dieser Dinge mehr sind. Leider sind viele der wichtigsten Dinge im Leben

a. deutlich schwieriger zu kontrollieren als die kurzfristig harte Arbeit in Ihrem Job und

b. bieten sie nicht die gleiche sofortige Belohnung wie der Status einer beruflichen Karriere.

Gesellschaftlich sind wir so programmiert, dass wir sofortige Ergebnisse haben wollen oder sie sogar erwarten. Zudem betonen genau diese sozialen Konditionierungen die Karriere und die finanzielle Situation viel stärker als alle anderen Statusbereiche.

Nehmen wir beispielsweise einen Vater und Hausmann. Was kommt Ihnen bei so einem Menschen als Erstes in den Sinn? Wahrscheinlich so etwas wie: »Das ist sicher angenehm!« oder »Hat der ein Glück!« oder »Er verhält sich nicht wie ein echter Mann!« oder »Er ist faul!« Aber jeder, der einen echten Vater und Hausmann kennt, weiß, dass diese Einschätzungen weit von der Realität entfernt sind.

Umgekehrt denken Sie bei einem Vorstandsvorsitzenden vielleicht: »Er ist reich!« oder »Er hat jede Menge Macht!« Oder so etwas wie: »Er hat hart für diesen Posten gearbeitet!« Keine dieser Einschätzungen muss zwingend zutreffen. Einem kulturellen Klischee entkommt man aber nur schwer.

Am besten entfliehen wir dem zerstörerischen Einfluss des Status und der damit einhergehenden kulturellen Stereotypen, indem wir die Leistung drosseln. Für uns beide hieß das, weniger Wert darauf zu legen, was andere über unsere Jobs dachten, und ihnen zu zeigen, warum sie unseren neuen Identitäten mehr Vertrauen schenken sollten. Diese waren nicht nur auf unsere Karrieren, sondern praktisch auf alles übertragbar, was wir machten. Auf alles, wo wir unsere Leidenschaft hineinsteckten.

UND NOCHMALS: WER SIND SIE?

Wenn Sie Status einmal positiv und deutlich umfassender als bislang üblich definieren, wird es Ihnen leichter fallen, mehr Vielfalt in Ihrem Leben zuzulassen. Sie werden in der Lage sein, mehr Unsicherheit auszuhalten und nach und nach auch einige Teile des Ankers »Sicherheit« zu opfern, der Sie festhält.

DEN ANKER
»SICHERHEIT« LÖSEN

Mit der Sicherheit ist es eine merkwürdige Sache. Jeder braucht einen gewissen Grad an Sicherheit zum Überleben. Sie müssen sicher sein, dass nicht die Zimmerdecke einstürzt, während Sie schlafen, Sie müssen sicher sein, dass Ihr Trinkwasser nicht giftig ist, Sie müssen sicher sein, dass das Auto, das Ihnen entgegenkommt, auf seiner Spur bleibt.

Aber jenseits unseres grundlegenden Bedürfnisses nach Sicherheit ist der Grad an Sicherheit, den ein Mensch braucht, individuell stark verschieden. Die meisten brauchen sehr viel Sicherheit – viel zu viel Sicherheit –, um sich gut zu fühlen. Andere hingegen, beispielsweise Profi-Fallschirmspringer und Rennfahrer, brauchen nur sehr wenig Sicherheit in ihrem Alltagsleben. Die zweite Gruppe wird den Anker »Sicherheit« recht einfach lösen können, die erste Gruppe hingegen wird ihre Komfortzone verlassen müssen, um diesen lähmenden Anker aus ihrem Leben zu verbannen.

Sicherheit gibt ein gutes Gefühl, man fühlt sich wohlig warm und geborgen. Aber sie ist manchmal auch der wichtigste Grund, warum man die Änderungen, die man machen möchte, doch nicht wagt. Das kann dann heißen: Sie sind mit Ihrer gegenwärtigen Situation nicht glücklich, aber fühlen sich noch so wohl, dass Sie Ihre Sicherheit heute nicht gegen etwas eintauschen möchten, das sich möglicherweise morgen weniger wohlig anfühlt. Und deswegen ändern Sie nichts.

Anders ausgedrückt: Sie assoziieren mit der Veränderung mehr Leid als Freude. Glücklicherweise gibt es zwei Möglichkeiten, diesen Gedankengang zu ändern. Erstens können Sie einen Weg finden, das Leid wirklich zu erfassen, das Sie irgendwann (oder jetzt schon) träfe, wenn Sie nichts ändern. Sehen Sie sich dazu den möglichen Verlust von Sinn in Ihrem Leben an – den Verlust, nichts von dem zu erreichen, was Sie wirklich erreichen wollen, den Verlust, wenn Sie nicht Ihrer Leidenschaft nachgehen, den Verlust, wenn Sie Ihre Berufung nicht ausleben.

In Wahrheit überwiegt das langfristige Bedauern das kurzfristig freudige Gefühl der Sicherheit.

Zweitens können Sie mehr Freude mit der langfristigen Erfüllung verbinden, Ihre Leidenschaften und Ihre Berufung auszuleben. Beide Optionen, ob in Kombination oder allein für sich, werden Ihnen die Triebkraft verleihen, die Sie brauchen.

Für uns bedeutete das unterschiedliche Konsequenzen: Joshua machte einen großen Sprung, ohne einen echten Plan zu haben. Er beschloss, dass das Leid, nicht seinen Leidenschaften nachzugehen, nicht länger die Sicherheit seiner beruflichen Karriere wert war. Ryan hingegen befreite sich langsam von seinen Arbeitsfesseln und verband nach und nach immer mehr Freude mit dem Ausleben seiner Leidenschaften (mehr über unseren Ausstieg aus der Arbeitnehmerwelt finden Sie unter minimalists.com/quit, auf Englisch).

DEN ANKER
»GELD« LÖSEN

Aufs Wesentliche reduziert ist Geld lediglich eine weitere Sicherheitsebene. Aber es lohnt sich, Geld als Anker zu erkennen. Geld ist ein solcher Anker aufgrund der Bedeutung, die ihm unsere Kultur beimisst: Es ist in der Regel der häufigste Grund, weiterhin das zu tun, was man eigentlich hasst. »Ich muss die Rechnungen bezahlen!« ist eine faule Ausrede. Natürlich muss man Geld verdienen, aber das geht auch durch das freudige Ausleben seiner Leidenschaften.

Diesen Anker lösen Sie am besten, indem Sie dem Thema Geld einfach weniger Bedeutung in Ihrem Leben zukommen lassen. Wir konnten es, indem wir einen ausführlichen Fünf-Stufen-Plan entwickelten, um wieder die Kontrolle über unsere Finanzen zurückzuerlangen. Unser Weg in die finanzielle Freiheit war lang. Trotz unseres stattlichen sechsstelligen Einkommens kämpften wir damals mit Geldproblemen. Finanziell waren wir lange Zeit nicht frei. Erst als wir diese Karrieren mit einem sinnvollen Plan aufgaben, erkannten wir, wie wir uns aus unseren Schulden befreien, wie wir auf unnötige Ausgaben verzichten, wie wir unsere Zukunft planen, wie wir unsere Finanzen dauerhaft in den Griff bekommen.

Jeder von uns muss Geld zum Leben verdienen und gegen ein gutes Gehalt ist auch nichts einzuwenden. Aber um die Kontrolle über sein finanzielles Leben zu erlangen, ist weitaus mehr erforderlich, als nur das Einkommen nach oben zu korrigieren. Man muss immer die richtigen Entscheidungen bezüglich der Ressourcen treffen, die man hat, man muss seine finanziellen

Gewohnheiten ändern und bewusst leben. Nichts davon ist von Natur aus einfach – speziell bei dem sofortigen Befriedigungsanspruch unserer Kultur –, doch zum Glück lässt sich die Kontrolle über die Finanzen trotz allem wiedererlangen.

Überfordert vom habgierigen Sog des Geldes auf unser Leben beschlossen wir vor einigen Jahren, etwas zu ändern und wieder die Kontrolle über unsere Finanzen und unser Leben zurückzuerlangen. Im Folgenden führen wir Sie durch die fünf Schritte, die wir dafür unternommen haben. Dieselben Grundsätze nutzen wir noch heute, um sicherzustellen, dass wir nie wieder mit Geldproblemen kämpfen müssen.

GELD – UND WIE ES WIRKEN KANN

Es bringt Familien auseinander, zerstört Ehen und hält die Menschen davon ab, ihre Träume zu verfolgen. Geldsorgen bringen unnötige Belastungen, Ängste und Streit in unser Alltagsleben, was uns in dauernde Unzufriedenheit versetzt. Wir haben scheinbar nie genug Geld, leben von Gehaltsabrechnung zu Gehaltsabrechnung und kommen doch nie weiter.

Aber so muss es nicht sein. Das wissen wir alle beide aus eigener Erfahrung.

SCHRITT 1: BUDGET

Die meisten von uns haben keine Ahnung, wohin ihr Geld verschwindet. Wir glauben es zu wissen, aber in Wahrheit wissen wir es eben nicht. Das trifft in doppelter Hinsicht auf diejenigen unter uns zu, die verheiratet sind oder mit einem Partner zusammenleben. Der erste Schritt in Richtung finanzielle Freiheit besteht darin, schriftlich ein monatliches Budget festzulegen. Beachten Sie die drei wichtigsten Wörter: schriftlich, monatlich, Budget. Hier einige Richtlinien:

Kategorien

Legen Sie fest, was wirklich notwendig ist. Identifizieren Sie Ihre Monatsausgaben der letzten sechs Monate und teilen Sie Ihre Kosten dann auf die drei Kategorien auf: Need, Want, Like – also Brauchen, Wollen, Mögen (siehe minimalists.com/want, auf Englisch). Schreiben Sie möglichst jede Ausgabe auf (Nahrungsmittel, Wohnungskosten, Versorgungsaufwand, Versicherung, Aufwendungen für den Pkw, Verkehrsmittel, Kleidung, Telefon, Internet, Haustiere, Unterhaltung und so weiter). Überprüfen Sie die Liste drei Mal mit Ihrem Partner/Ihrer Partnerin oder einem Freund und nutzen Sie dann die drei Kategorien erneut, um zu priorisieren und zu sparen, wo Sie können. Je konsequenter Sie sich daran halten, desto schneller sind Sie frei.

Grenzen

Weisen Sie jeden Euro Ihres zur Verfügung stehenden Gehalts am Monatsanfang einer der drei Kategorien zu. Indem Sie diese Grenzen aufstellen, brauchen Sie sich keine Sorgen mehr zu machen, was Sie kaufen können und was nicht. Geld, das am Anfang des Monats nicht zugewiesen wurde, kann in der Monatsmitte nicht ausgegeben werden.

Teamwork

Jeder in Ihrem Haushalt, auch die Kinder, muss ein Mitsprache-recht beim Budget haben. Nur so ziehen alle an einem Strang. Teamwork bedeutet, Geld aus einer Kategorie zu entnehmen, um eine andere damit zu finanzieren, bis alle mit der Verteilung einverstanden sind. Sie können zum Beispiel Geld aus dem Klei-dungsbudget ins Unterhaltungsbudget schieben. Wenn alle ein-bezogen wurden und sich der finanziellen Freiheit verschrieben haben, kann das Projekt viel leichter Fahrt aufnehmen.

Anpassen

Sie werden einige Ausrutscher erleben. Das ist normal und ge-hört zum Prozess. Zunächst sollten Sie und Ihre Familie Ihr schriftliches Budget täglich und schließlich wöchentlich über-prüfen, entsprechende Anpassungen vornehmen, bis Ihre ge-samte Familie mit den festgelegten Zielen für den Monat einver-standen ist. Der erste Monat ist der schwerste, aber im dritten Monat werden Sie sich selbst verfluchen, dass Sie in den Zeiten ohne schriftliches Budget so viel Geld verschwendet haben.

Sicherheit

Am besten legen Sie zur Sicherheit ein Sparkonto mit 500 bis 1 000 Euro für Notfälle an. Rühren Sie dieses Geld nicht an, außer im echten Notfall (Autoreparatur, Arztrechnung, Arbeits-losigkeit ...). Ihr Sparkonto wird es Ihnen ermöglichen, den Budgetrahmen auch dann einzuhalten, wenn Ihnen das Le-ben einen derben Schlag verpassen sollte. Wenn Sie erst ein-mal aus den Schulden heraus oder allgemein wieder »flüssiger« sind (siehe Schritt 3), wird Ihr Sicherheitskonto eine Einlage in Höhe mehrerer Gehälter aufweisen. Aber vorerst kümmern Sie sich nur um die ersten 500 bis 1 000 Euro, die Sie auf ein sepa-rates Sparkonto einzahlen, um nicht in Versuchung zu geraten.

SCHRITT 2: ZAHLUNGEN AN SICH SELBST (INVESTIEREN)

Die meisten von uns reagieren schon beim Wort Investieren panisch. Investieren scheint so extrem kompliziert, so abstrakt, so wenig verständlich. Hier die Lösung: Anstatt es als Investieren von Geld zu sehen, sehen Sie es als Zahlung an Ihr zukünftiges Ich. Und dank der heutigen Online-Tools müssen Sie keine Angst haben: Investieren war nie einfacher. Jeder kann (und muss) investieren.

Wir beide nutzen ein einfaches Online-Tool als Software für unsere persönlichen Ersparnisse, zur Planung und für bestimmte Investitionen. Wir investieren unser Geld mit der Software in vier verschiedene Bereiche: Sparkonto für Notfälle, Altersvorsorge, Haus und Vermögensaufbau (unter minimalists.com/retirement finden Sie weitere Informationen auf Englisch zu speziellen Investitionsstrategien sowie einige kostenlose Tools, wie wir sie heute nutzen).

Vergessen Sie nicht: Genau jetzt ist der richtige Zeitpunkt, um mit der Planung Ihrer Zukunft zu beginnen. Ob Sie für Ihr Auskommen im Alter planen, ein Unternehmen gründen, auf ein Haus sparen, Ihr Sicherheitsnetz ausweiten wollen oder sich auf den langfristigen Vermögensaufbau konzentrieren wollen: Jetzt ist der ideale Zeitpunkt, damit anzufangen. Nicht nächste Woche, nicht morgen – heute.

Selbst wenn Sie kein Geld zum Investieren haben: Entwickeln Sie einen Plan, damit Sie anfangen, in Ihre Zukunft zu investieren. Am besten automatisieren Sie Ihre Investitionen. Das befreit Sie von Spekulationen. Die Zukunft wartet nicht: Setzen Sie diesen Plan heute noch um. Auch wenn es sich anfangs nur um 1 Prozent Ihres Einkommens oder 20 Euro im Monat handelt.

Investieren Sie in Ihre Zukunft: Ihr späteres Ich wird es Ihnen danken.

SCHRITT 3: SCHULDENFREI

Im Gegensatz zu dem, was uns manche Gelehrte und Wissen-schaftler erzählen, sagen wir: Es gibt keine »guten Schulden«. Zur Wiederholung (lesen Sie am besten laut mit): ES GIBT KEINE GUTEN SCHULDEN. Manche Schulden sind schlim-mer als andere, aber sie sind niemals gut.

Sie werden sich nicht frei fühlen, wenn Sie nicht schulden-frei sind. Der Kreditnehmer steht immer unter dem Joch des Kreditgebers. Außerdem fühlt es sich großartig an, keinen Auto-kredit, keine Kreditkartenzahlungen und keinen Ausbildungs-kredit abstottern zu müssen, der im Schatten aufragt.

Mit Anfang bis Ende zwanzig waren wir beide extrem hoch verschuldet – jeder mit über sechsstelligen Beträgen. Es war ein lähmendes Gefühl. Der komplette Verlust von Freiheit.

Obwohl es keine Universallösung gibt, bietet das Buch »To-tal Money Makeover« von Dave Ramsey (derzeit nur auf Eng-lisch erhältlich) eine Strategie, die unserer Erfahrung nach am besten funktioniert: eine ausführliche, schrittweise Formel, mit der wir beide einen detaillierten Plan aufstellten, unsere Kredit-karten zerschnitten und uns bewusst unseren Schulden stellten. (Unter minimalists.com/debt können Sie auf Englisch lesen, wie Joshua schuldenfrei wurde.)

SCHRITT 4: MINIMIEREN

Natürlich war der Minimalismus ein wesentlicher Bestandteil unseres Wegs in Richtung finanzielle Freiheit. Indem wir uns von allem Überflüssigen in unserem Leben trennten, konnten wir uns darauf konzentrieren, unsere Schulden zu tilgen, unsere Gewohnheiten zu ändern und bessere Entscheidungen mit weni-ger Mitteln zu treffen. Zudem erlebten wir, dass wir durch dieses Einfacherwerden und durch das Bemerken, welche materiellen

Besitztümer unser Leben nicht bereicherten, schneller schulden-
frei werden konnten: Wir verkauften mehr als die Hälfte unseres ganzen überflüssigen Zeugs lokal (Garagenflohmarkt, Se-
cond-Hand-Läden, Flohmärkte) und einiges auch online (eBay,
Craigslist, Autotrader).

Nein, beim Minimalismus geht es nicht um Entbehrung.
Wir möchten nicht, dass Sie im Namen des Minimalismus »ganz
ohne etwas« leben müssen. Aber manchmal ist es sinnvoll, sich
der kurzzeitigen Befriedigung zu entziehen, wenn wir versuchen,
unser Leben langfristig in bessere Bahnen zu lenken.

Als wir zum Beispiel gegen unsere Schulden ankämpften,
verkaufte Joshua sein überdimensioniertes Haus und zog in eine
winzige Wohnung. Ryan verkaufte seinen schicken neuen Wa-
gen und kaufte sich ein zehn Jahre altes Auto ohne monatliche Ratenzahlung. Wir kündigten unsere Kabelverträge und
Satellitenradios und trennten uns von anderen Luxusgütern.
So sparten wir monatlich Hunderte von Dollar. Wir machten
auch »merkwürdige« Dinge, um unser Einkommen kurzfristig
aufzustocken, damit wir unsere Schulden schneller begleichen
konnten: Wir fuhren Pizza aus,
machten Überstunden und anderes. Wir verkauften unzählige
Dinge, die nicht lebenswich-
tig waren, wie Elektronikgeräte,
Möbel, Kleidung, DVDs, Bücher, Sammelobjekte, Dekoarti-
kel, Werkzeug, Gartengeräte. Auch dieses Geld nutzten wir zur
Schuldentilgung. Alles, was nicht niet- und nagelfest war, boten
wir bei eBay zum Verkauf an.

*Jetzt hat alles, was wir besitzen,
einen Zweck oder macht uns
Freude und wir vermissen
keines der Dinge aus unserem
früheren Leben.*

Sie wissen nicht, wie Sie mit dem Minimieren beginnen sollen? Tipps und bewährte Vorgehensweisen finden Sie auf unserer
Seite »Start Here« unter minimalists.com/start (auf Englisch).

SCHRITT 5: SOZIALES ENGAGEMENT

Der kürzeste Weg in die Freiheit besteht darin, das zu schätzen, was man schon hat. Am besten erfährt man Dankbarkeit für all die Geschenke, die man bereits erhalten hat, indem man seine Sichtweise ändert.

Spenden Sie dazu Ihr kostbarstes Gut: Ihre Zeit. Unterstützen Sie mit Ihrer Familie eine lokale Suppenküche, eine Tafel oder ein Obdachlosenheim. Unterrichten Sie weniger privilegierte Kinder in Ihrem Wohnort. Helfen Sie älteren Menschen beim Einkaufen oder der häuslichen Pflege. Unterstützen Sie einkommensschwache Haushalte. Es gibt mehr Mittel und Wege denn je, um sich für andere einzusetzen. Suchen Sie einfach im Internet nach Freiwilligendiensten und Hilfsdienstmöglichkeiten in Ihrer Nähe.

Womit auch immer Sie Ihre soziale Ader stärken: Es muss nichts Weltbewegendes sein. Es muss nur das Leben eines anderen Menschen verbessern. Wenn Sie das einige Wochen lang machen, stellen Sie fest, dass Ihre finanziellen Probleme verglichen mit den Problemen in der Welt um Sie herum winzig klein sind. Ihre geringfügigen finanziellen Sorgen beflügeln Sie, massive Anstrengungen zu unternehmen und Ihre vergleichsweise kleinen Probleme zum Teufel zu jagen.

Innerhalb kurzer Zeit – zwei oder drei Jahre – kann sich Ihr gesamtes Leben radikal ändern und nichts mehr mit Ihrem heutigen gemein haben. Alles, was Sie brauchen, ist ein Plan (den Sie jetzt haben), Entschlossenheit sowie konsequentes Handeln in die richtige Richtung. Damit starten Sie, wenn Sie wissen: Aus Ihrem »Ich sollte« ist ein »Ich muss« geworden.

Jetzt sind Sie gerüstet mit einem Rezept für außerordentliche finanzielle Veränderungen, mit dem Sie den Anker »Geld« lösen können. Es steht Ihnen selbstverständlich frei, Ihre eigenen Zutaten nach Gusto hinzuzufügen. Aber wenn es um echte finanzielle Freiheit geht, gehören die fünf Zutaten Budget, Investieren, Schulden tilgen, Minimieren und soziales Engagement unbedingt dazu. Alle fünf sind notwendig. Ja, Sie haben weiterhin ziemlich viel Recherche, Planung und harte Arbeit vor sich und – und das ist das Wichtigste – Sie müssen heute aktiv werden. Ihr Einsatz ist entscheidend.

JEDE(R) KANN ES SCHAFFEN!

Finanzielle Freiheit ist nicht einfach, aber das wussten Sie bereits, bevor Sie mit dem Lesen dieses Buchs begannen. Das Schöne an diesen fünf Schritten ist, dass sie für alle Gesellschaftsschichten praktikabel sind. Ob Sie einen Mindestlohn beziehen oder ein sechsstelliges Gehalt, ob Sie Single sind oder sechs Kinder haben: Wir haben gesehen, wie diese Grundsätze bei Tausenden von Menschen funktioniert haben. Es geht nämlich nicht um die Höhe des Einkommens, sondern um die Entscheidungen, die wir mit den Mitteln treffen, die uns zur Verfügung stehen.

IHRE LEIDENSCHAFT ENTDECKEN

Nachdem Sie Ihre Anker gelöst haben, klart der Horizont auf und das ermöglicht es Ihnen, sich darauf zu konzentrieren, Ihre Leidenschaft zu entdecken. Die erste Frage, die wir jetzt für gewöhnlich stellen, ist eine Standardfrage: Was würden Sie mit Ihrem Leben anstellen, wenn Geld keine Rolle spielte? Die meisten Menschen, die ihre Leidenschaften suchen, hängen eng an einigen (oder sogar an allen) der oben genannten vier Anker und antworten daher relativ oft: Ich weiß es nicht.

Wenn Sie es nicht wissen, hängen Sie wahrscheinlich ebenfalls noch am Anker. Vielleicht haben Sie Angst davor, was die Leute sagen, wenn Sie ihnen erzählen, dass Sie gern ein Zirkusclown wären (aus Angst davor, was die Leute denken würden, hatte Joshua jahrelang niemandem erzählt, dass er gern ein Schriftsteller wäre). Vielleicht sind Sie unsicher, wie stabil Sie als Maskottchen für ein professionelles Baseball- oder Fußballteam wären. Vielleicht machen Sie sich Sorgen, dass Sie nicht genug Geld verdienen, um »jemand« zu sein. Egal, um welche Anker es geht: Sie müssen sich von ihnen lösen, wenn Sie Ihre Leidenschaft finden wollen.

Wenn Sie Ihre Anker gelöst haben, werden Sie unsere Frage beantworten können: Was würden Sie mit Ihrem Leben anstellen, wenn Geld keine Rolle spielte? Manchmal ist es einfacher, die Frage zu beantworten, wenn sie anders formuliert wird. Das machen wir mit der folgenden Anregung.

Wenn Sie einmal wissen, wie Begeisterung aussieht und wie sie sich anfühlt, wenn Sie sie mit bestimmten Erlebnissen verbinden können, lässt sich die Frage »Was würden Sie mit Ihrem Leben anstellen, wenn Geld keine Rolle spielte?« leichter beantworten. Sie möchten jeden Tag etwas machen, das Sie begeistert? Was begeistert Sie am meisten über die längste Zeit hinweg? Das ist vermutlich Ihre Leidenschaft.

Oder lassen Sie es uns anders ausdrücken: Leidenschaft ist 50 Prozent Liebe und 50 Prozent Besessenheit. Was würden Sie liebend gern jeden Tag machen? Wovon wären Sie regelrecht besessen? Die Schnittstelle von diesem beiden ist Ihre Leidenschaft.

Und jetzt schnell rein ins Clownskostüm, bevor wir überlegen, wie wir diese Leidenschaft zu Ihrer Berufung machen.

WAS BEGEISTERT SIE?

Notieren Sie Ihre Antworten auf folgende Fragen:

◇ Wann haben Sie zuletzt echte Begeisterung verspürt?

◇ Welche fünf anderen Erlebnisse haben Sie wirklich begeistert?

◇ Warum waren Sie jedes Mal begeistert?

◇ Welches Erlebnis begeisterte Sie am längsten?

◇ Was haben diese Erlebnisse gemeinsam?

◇ Wie sah die Begeisterung aus? (Wie hat sich Ihr Körper verändert? Wie war Ihre Haltung? Ihr Gesichtsausdruck? Ihre Atmung? Ihr Puls? Was ging noch in Ihrem Körper vor?)

MACHEN SIE IHRE LEIDENSCHAFT
ZU IHRER BERUFUNG

Wir wissen, was Sie jetzt denken: Das ist toll, aber niemand wird mich als Clown/Hulatänzer/Oder-was-immer-Ihre-Leidenschaft-ist bezahlen. Ach ja? Mit dieser Einstellung vielleicht nicht. Tatsache ist, dass andere ihren Lebensunterhalt mit etwas verdienen, für das Sie brennen, das Sie extrem lieben.

Die hatten eben Glück! Nun, vielleicht hatten ein paar dieser Menschen Glück und vielleicht waren manche zur richtigen Zeit am richtigen Ort, aber selbst Glück hat ein Rezept. Und es gibt Zehntausende von Menschen, die Ihre Leidenschaft ausleben (und gut davon leben) und kein Glück hatten, nicht berühmt wurden und nicht über Nacht alles bekamen, was sie sich gewünscht hatten. Sie haben hart gearbeitet, lähmende Fehler und Verluste erfahren und sind diesem Leuchtfeuer der Leidenschaft wie besessen gefolgt, bis sie in der Lage waren, daraus ihre Berufung zu machen.

Warum nicht von den Menschen lernen, die ihre Leidenschaft zum Leben erweckten?

Wenn Sie wissen möchten, wie Sie Ihre Leidenschaft zu Ihrer Berufung machen, ist der schnellste und effizienteste Weg, es jemandem nachzutun, der bereits so lebt. Diese Methode nennt sich »Modellierung« oder auch »Lernen am Modell« und genau das machten wir. Wir sahen, wie Colin Wright, Leo Babauta, Tammy Strobel und Joshua Becker das machten, was sie machen wollten – schreiben und Menschen auf eine sinnvolle Weise unterstützen –, und wir wussten, dass sie ihr Erfolgsrezept bereits gefunden hatten. Wir wussten, dass sie durch Ausprobieren gelernt hatten, und daher wussten wir auch, dass wir von ihren Erfolgen und Misserfolgen lernen konnten.

Im Laufe eines Jahres trafen wir all diese Menschen, die Tausende von Meilen entfernt lebten, persönlich und lernten durch ihre Erfahrungen. Wir luden sie zum Kaffee oder Mittagessen ein und versuchten auf alle erdenkliche Art und Weise, nicht nur von ihnen zu profitieren, sondern auch unseren Mehrwert beizusteuern. Wir machten ausgiebig Notizen und dankten ihnen dafür, unser Leben durch ihren Mehrwert bereichert zu haben. Über E-Mail, Telefon, Skype, soziale Medien und so weiter blieben wir mit ihnen in Kontakt und entwickelten mit der Zeit eine engere Beziehung.

Nach vielen solcher Zusammentreffen und dem Lernen aus ihren Erfahrungen wussten wir, was wir tun mussten, um unsere Leidenschaft zu unserer Berufung zu machen. Und so wurden wir aktiv: Wir erstellten unsere Website und arbeiteten daran, dem Leben anderer Menschen mittels Schreiben und anderer Hilfestellungen einen Mehrwert zu geben.

Ihre Aufgabe ist es, dasselbe zu tun: Finden Sie mindestens drei Menschen, die ihre Leidenschaft ausleben und damit ihren Lebensunterhalt verdienen. Es muss nicht genauso ablaufen wie bei uns. Sie müssen Ihre Leidenschaft keiner Website widmen. Sie müssen auch nicht mit dem Schreiben beginnen oder einen Online-Handel gründen. Das Wesen Ihrer Leidenschaft ist unwichtig. Wichtig ist, dass Sie Menschen finden, die das machen, was Sie gern machen würden. Lernen Sie von ihnen, nehmen Sie ihr Wissen in sich auf und ergreifen Sie dann die für Sie persönlich stimmigen Maßnahmen.

ALLES NICHT SO EINFACH

Vielleicht denken Sie jetzt: Schön und gut, aber das ist leichter gesagt als getan! Ja, es ist leichter gesagt als getan. Wir wissen das, weil wir es selbst erlebt haben. Wir waren einst fest verankert in Schulden, Status und einer Karriere, für die wir keine Leidenschaft empfanden. Doch dabei blieben wir nicht stehen. Wir begannen, unsere Leidenschaft auszuleben und sie zu unserer Berufung zu machen. Wir verdienen jetzt weniger und arbeiten manchmal mehr Stunden in der Woche als zuvor als Manager im Unternehmen. Aber wir lieben das, was wir machen, und wir sind mit Leidenschaft bei der Sache, daher fühlt es sich auch überhaupt nicht an wie ein Job.

Natürlich war es nicht einfach. Es erforderte Eigeninitiative, um die Anker zu lösen, und es brauchte Mut, bestimmte soziale Gepflogenheiten abzulehnen, um ein sinnerfülltes Leben zu leben. Aber es hat sich gelohnt und es wird sich auch für Sie lohnen. Sie verdienen es, Ihren Leidenschaften nachzugehen. Sie verdienen es, Ihre Berufung zu leben. Sie verdienen es, ein sinnerfülltes Leben zu leben.

Sie wollen noch etwas zusätzliche Lektüre zur Pflege der Leidenschaften? Wir empfehlen hierzu (auf Englisch): »›Follow Passion‹ Is Crappy Advice« (minimalists.com/cal), »20 Questions for a Minimalist« (minimalists.com/20q), »An Extraordinary Life« (minimalists.com/extraordinary).

WEITER-
ENTWICKLUNG

Weiterentwicklung ist der wichtigste der
fünf Werte des Minimalismus.
Das glauben Sie nicht?
Sehen Sie selbst.

DER SINN DES LEBENS

Wir haben uns die beiden wichtigsten Kapitel für den Schluss aufbewahrt: Wachstum und soziales Engagement. Diese beiden arbeiten Hand in Hand für den Sinn unseres Lebens: sich als Mensch weiterzuentwickeln und sich für andere einzusetzen.

WAS UNS PERSÖNLICHE WEITERENTWICKLUNG BEDEUTET

Stellen Sie sich vor, Sie gewinnen im Lotto, sind in der besten Form Ihres Lebens, finden Ihren Seelenverwandten, bauen die sinnerfüllendsten Beziehungen auf, begleichen sämtliche Schulden, ziehen in Ihr Traumhaus (natürlich am Meer), finden heraus, was Sie begeistert und entdecken Ihre Lebensberufung.

Und jetzt? Entspannt zurücklehnen und jeden Tag angeln gehen? Chips essen und rund um die Uhr fernsehen? Ganz sicher nicht. Sie wollen Ihr neu gewonnenes Leben mit der besseren Gesundheit, den besseren Beziehungen und den neu entdeckten Leidenschaften auch künftig genießen. Also müssen Sie sich weiterhin verbessern, Sie müssen weiterhin wachsen, sich weiterentwickeln. Ohne Wachstum sterben Sie. Und wenn Sie sterben, leben Sie zwangsläufig kein sinnerfülltes Leben.

Wenn Sie einmal eine Änderung in Ihrem Leben vorgenommen haben, ist der Weg noch lange nicht zu Ende. Sie müssen weiterhin Änderungen vornehmen, wenn Sie auf Dauer glücklich sein wollen. Denken Sie an all die Änderungen, die Sie bereits umgesetzt haben und von denen Ihnen viele vor fünf oder zehn Jahren noch undenkbar erschienen. Wie haben Sie diese

Änderungen vollzogen? Wahrscheinlich entweder in Riesenschritten oder mit vielen kleinen Schritten. Doch die meisten Veränderungen finden allmählich statt. Ihr Alltagsleben verändert sich nicht in einem Riesenschritt, sondern in vielen kleinen Schritten. Niemand geht ins Fitnessstudio, trainiert intensiv eine Stunde lang und erwartet dann, bis zum Lebensende fit zu bleiben. So funktioniert das nicht. Genauso geht es bei den meisten Ihrer Änderungen darum, frühere Anpassungen jeden Tag in kleinen Schritten zu verbessern.

Der Großteil der Veränderungen, die wir in unserem Leben vorgenommen haben, angefangen von unserer Gesundheit bis hin zu unseren Jobs und Beziehungen, fand in diesen täglichen

RIESENSCHRITTE?

Manche Veränderungen sind gewaltig und unmittelbar. Denken Sie beispielsweise an das Beenden einer Beziehung, die sofortige Kündigung, den Umzug in eine neue Stadt, eine große Neuanschaffung wie Haus oder Auto. In diesem Kapitel geht es nicht um diese Art von großen Veränderungen. Manchmal sind diese zwar notwendig, aber generell gibt es nur einen Weg, auf dem Änderungen in Riesenschritten erfolgreich sind: auf den richtigen Zeitpunkt warten und loslegen. Daher konzentrieren wir uns auf die wichtigsten Veränderungen in Ihrem Leben: die vielen kleinen Schritte. Denn sie sind es, die Ihnen letztlich auch die Riesenschritte ermöglichen.

kleinen bewussten Schritten statt. Wenn Sie Veränderungen vornehmen, ändert sich Ihr Alltagsleben der kommenden Tage vielleicht nicht wesentlich. Aber wenn Sie in ein paar Wochen auf Ihr Leben zurückblicken, ist nichts mehr, wie es war.

TRIEBKRAFT FINDEN

Der erste Schritt bei allen Veränderungen, ob große oder kleine, besteht in der Entscheidung, etwas verändern zu wollen. Wir meinen eine echte, bewusste Entscheidung, die die Veränderung zu einem Muss in Ihrem Leben werden lässt – nicht zu etwas, das Sie irgendwann ändern sollten, wenn es Ihnen gerade passt. Es kann einfach oder schwer sein, diese Entscheidungen zu treffen. Das hängt von einem Faktor ab: Ihrer Triebkraft. Die basiert auf Ihrer Fähigkeit, mit einer Veränderung so viel Befriedigung zu verbinden, dass Sie gar keine andere Wahl haben, als die Veränderung zu einem Muss in Ihrem Leben zu machen. So klingt zum Beispiel »Ich muss Sport treiben« deutlich anders als »Ich sollte Sport treiben«. Je mehr Triebkraft Sie haben, desto leichter fällt es Ihnen, Ihre Entscheidung zu treffen und durchzuziehen, weil die Befriedigung, die Sie durch die Veränderung erfahren, so groß ist, dass Sie diese Veränderung einfach in die Tat umsetzen müssen.

Wenn eine Veränderung nicht von Dauer ist, liegt es ganz einfach daran, dass derjenige, der sich dazu entschieden hat, nicht genug langfristigen Nutzen in dieser Veränderung sieht. Er verbindet mit ihr entweder zu wenig Befriedigung oder zu viel Unzufriedenheit.

Doch sobald Sie mit einer Veränderung eine große Befriedigung verbinden, wird sie für Sie zu einem Muss. Die Befriedigung, ein gesundes Leben zu führen, reichte uns beispielsweise aus, erhebliche Veränderungen an unserer Ernährung und körperlichen Betätigung vorzunehmen. Um diese Triebkraft zu erhalten, verknüpften wir aktiv unsere Unzufriedenheit mit unserem aktuellen Zustand: mit der Art, wie wir uns im Spiegel betrachteten, wie wir uns nach einem üppigen Essen fühlten und all die anderen negativen Dinge, die uns generell schlechte Gefühle bereiteten. Dann verbanden wir mit den täglichen Veränderungen, die wir vorgenommen hatten, ein großes Gefühl der Befriedigung: Es erfüllte uns mit Freude, Nahrungsmittel als wirkliche Nahrung und nicht als Unterhaltung zu erfahren, wir hatten Spaß an unserem täglichen Training, wir fanden Befriedigung in den kleinen täglichen körperlichen Änderungen.

HANDELN

Sobald Sie beschlossen haben, Ihr Leben zu ändern, und sobald Sie ausreichend Triebkraft besitzen, sollten Sie die beschlossene Änderung unverzüglich angehen. Das bedeutet nicht, dass Sie gleich aus dem Stand zehn Kilometer laufen müssen, um Ihre Gesundheit zu verbessern, oder Ihren Job noch heute kündigen, um Ihren Leidenschaften nachzugehen. Machen Sie lieber einen Schritt in die richtige Richtung. Sie müssen einen ersten Impuls schaffen. Andernfalls werden Sie eine große Unzufriedenheit spüren und Ihre Veränderung wird nicht von Dauer sein.

Diese ersten Schritte sind der entscheidende Grundstein. Sobald Sie ausreichend Triebkraft und Impuls gesammelt haben, wird die Veränderung Spaß machen und Sie werden sich verbessern und weiterentwickeln wollen. Folglich sollten Sie kleine Schritte finden, jeden Bereich Ihres Lebens zu verbessern, sei es ein tägliches Sportprogramm, die tägliche Vertiefung Ihrer Beziehungen mit einem sinnvollen Gespräch, eine Stunde für Ihre Leidenschaft und so weiter. Diese kleinen Veränderungen summieren sich schnell und haben große Auswirkungen. Und sehr bald sehen Sie zurück und sind verblüfft über die vielen Fortschritte, die Sie schon gemacht haben.

DIE EIGENEN MASSSTÄBE ANHEBEN

Was gestern noch unmöglich schien, sieht am nächsten Tag oft schon machbar und regelrecht simpel aus. Wenn Sie also wachsen wollen, müssen Sie Ihre Maßstäbe regelmäßig anheben. Andernfalls wird Ihre Entwicklung stagnieren. Noch schlimmer: Wenn Sie Ihre Maßstäbe herabsetzen, werden Sie verkümmern.

Wenn Sie schrittweise Veränderungen vornehmen, müssen Sie die Messlatte jeden Tag etwas höher hängen. Insbesondere bei Veränderungen, die unbequem sind. Es ist wichtig für Ihre Weiterentwicklung, dass Sie Ihre Komfortzone verlassen. Sie müssen die Latte nicht gleich hoch hängen – nur so hoch, dass Ihre Veränderung jeden Tag etwas schwieriger wird. Mit der Zeit bewirken Ihre schrittweise angehobenen Maßstäbe Veränderungen, die größer sind, als Sie es sich jemals vorgestellt haben.

Unser drastischstes Beispiel zum Thema höhere Maßstäbe war unsere Gesundheit. Nachdem wir den Entschluss gefasst hatten, unsere Ernährung umzustellen und Sport zu machen, begannen wir mit täglichen Aktionen, um beide Bereiche zu verbessern. Und wir hängten die Messlatte jeden Tag ein wenig höher, insbesondere, was den Sport betraf. Es gab eine Zeit, in der keiner von uns Sport machte. Joshua beispielsweise schaffte nicht einen Klimmzug oder Liegestütz. Am Anfang lernte er einige Techniken, mit denen er modifizierte Versionen beider Übungen trainieren konnte, bis er dann irgendwann einen Klimmzug und einen Liegestütz schaffte. Aus diesem einen Liegestütz wurden zwei, dann zehn und schließlich über 100 Liegestütze hintereinander. Das Gleiche galt auch für andere Übungen. Wenn er gleich zu Beginn versucht hätte, 100 Liegestütze zu machen, hätte er es nicht geschafft. Dieses Scheitern hätte ihm Unzufriedenheit bereitet und ihn entmutigt, an seiner Weiterentwicklung zu arbeiten. Wahrscheinlich hätte er aufgegeben. Aber indem er die Messlatte jeden Tag nur leicht anhob, konnte er immer auf den Fortschritten des jeweiligen Vortags aufbauen.

KONSEQUENTES HANDELN

So wie Sie Ihre Maßstäbe konsequent anheben, müssen Sie auch insgesamt im Leben konsequent handeln. Es ist einfacher, die Messlatte jeden Tag ein kleines bisschen höher zu hängen, als sie wochenweise um das Siebenfache oder monatlich um das Dreißigfache zu erhöhen.

Es ist zum Beispiel wichtig, Ihre Beziehungen jeden Tag ein bisschen zu stärken. Es bringt Ihnen viel mehr, wenn Sie heute und auch morgen nett zu Ihrem Partner/Ihrer Partnerin sind, statt ihn/sie heute anzuschreien und ihm/ihr morgen einen riesigen Blumenstrauß mitzubringen. Das Gleiche gilt für alle Bereiche im Leben: Der Schlüssel zu echtem Wachstum ist Beständigkeit. Mit beständigen, schrittweisen Aktionen jeden Tag verändern Sie Ihr gesamtes Leben. Es fühlt sich zunächst wie ein zäher Anstieg an, aber sobald Sie ausreichend Triebkraft und Impuls aufgebaut haben, möchten Sie die stetige Weiterentwicklung nicht mehr missen. Dieses Wachstum gibt Ihnen das Gefühl von Lebendigkeit.

Wenn Sie einmal in Gang gekommen sind, werden Sie die völlig neue Lebensart nicht mehr missen wollen, keinen Tag lang!

WIRKLICH ALLES WURDE ANDERS

Im Laufe weniger Jahre veränderte sich für uns alles: Wir kündigten unsere Jobs, stellten unsere Ernährung um, machten regelmäßig Sport, unsere Gesundheit verbesserte sich, wir vertieften unsere wichtigsten Beziehungen, bauten neue wunderbare Beziehungen auf, begannen, unsere Leidenschaften zu pflegen, und halfen mehr Menschen als jemals zuvor. Wir hatten vorher keinen Begriff davon, dass in so kurzer Zeit so viele Veränderungen möglich waren, aber rückblickend sind wir dankbar dafür, dass wir uns für ein tägliches schrittweises Handeln entschieden hatten, das innerhalb einer relativ kurzen Zeit alles für uns zum Besseren wandelte.

SOZIALES ENGAGEMENT

Soziales Engagement ist der wichtigste der
fünf Werte des Minimalismus.
Das glauben Sie nicht?
Sehen Sie selbst.

WAS ENGAGEMENT BEDEUTET

Stellen Sie sich vor, Sie gewinnen im Lotto, sind in der besten nur denkbaren Form Ihres Lebens, finden Ihren Seelenverwandten, bauen die sinnerfüllendsten Beziehungen auf, begleichen sämtliche Schulden, ziehen in Ihr Traumhaus (natürlich am Meer), finden heraus, was Sie begeistert, entdecken Ihre Lebensberufung und finden immer neue Wege, sich jeden Tag weiterzuentwickeln und zu wachsen.

Und jetzt? In Reichtum, Wohlstand, Ruhm und Geld baden, so wie Dagobert Duck? Wohl kaum. Während Sie sich weiterentwickeln, geschieht etwas Wunderbares: Sie haben mehr von sich zu geben. Ein unglaublicher Kreislauf: Je mehr Sie sich weiterentwickeln, desto mehr können Sie anderen helfen, ebenfalls zu wachsen. Und je mehr Sie anderen helfen, zu wachsen, desto mehr entwickeln Sie sich weiter.

Weiterentwicklung führt zu sozialem Engagement.

MÖGLICHKEITEN DES SOZIALEN ENGAGEMENTS

Es gibt unzählige Möglichkeiten, sich sozial zu engagieren. Und es gibt auch kein falsches oder richtiges Engagement: Jedes Engagement ist positiv. Daher ist es wichtig, zu lernen, wie Sie sich am besten für die Menschen in Ihrem Umfeld einsetzen wollen. Später in diesem Kapitel gehen wir auf unser Engagement in örtlichen Einrichtungen und Organisationen und im Internet ein. Sie können sich selbstverständlich in anderen Bereichen engagieren. Selbst in vielen Ihrer aktuellen Aktivitäten finden sich bereits kleine oder größere Wege, Engagement zu zeigen.

In unserem alten Leben als Manager in einem Großkonzern leiteten wir große Teams. Dabei entdeckten wir den lohnenswertesten Teil unseres Arbeitstags: das Beraten anderer Menschen. Es erfüllte uns in höchstem Maß, wenn wir ihr Leben mit Mehrwert bereichern konnten. Ob Sie sich in einer Hilfsorganisation engagieren oder neue Weisen finden, Ihre primären Beziehungen zu pflegen: Sie schaffen einen Mehrwert.

ANDEREN HELFEN

Wachstum fühlt sich wunderbar an, aber soziales Engagement kann sich noch viel besser anfühlen. Daran liegt es, dass man oft mehr für die Menschen macht, die man liebt, als für sich selbst. Der Grund dafür liegt in dem uns eigenen Bedürfnis, anderen Gutes zu tun. Sich um andere zu kümmern, also soziales Engagement zu zeigen, ist ein menschlicher Urinstinkt.

MEHRWERT SCHAFFEN

»Wie schaffen wir mit dieser Aufgabe einen Mehrwert?« Diese Frage haben wir uns jeden Tag aufs Neue im Büro gestellt. Insbesondere diese eine Frage trug zu unserem Erfolg bei. Dieselbe Frage stellten wir auch unseren Mitarbeitern: »Wie haben Sie heute Mehrwert geschaffen?«

Und jetzt stellen wir sie uns selbst jeden Tag.

Im Wesentlichen hilft Ihnen diese Frage, herauszufinden, wie Sie Engagement zeigen und sich einbringen. Wenn Ihnen keine gute Antwort einfällt, ist eine andere Frage hilfreicher: »Wie könnte ich diese Situation durch Mehrwert bereichern?« oder »Welche besseren Möglichkeiten habe ich, Mehrwert zu schaffen?« Mithilfe dieser Fragen fangen Sie an, zu verstehen, wie Sie Ihre begrenzte Zeit nutzen können, um sich besser für die Menschen in Ihrem Umfeld zu engagieren.

Haben Sie zum Beispiel schon einmal einen inspirierenden Vortrag oder eine kleine Rede von jemandem gehört und wollten daraufhin direkt aktiv werden? Oder haben Sie mal einen Kurs besucht, der Ihrem Leben den wahren Wert zurückgab? Wenn es Ihnen wie den meisten Menschen geht, lautet die Antwort auf beide Fragen Ja.

Wenn Sie Ihr Leben aufräumen und durch soziales Engagement bereichern, wird bald nichts mehr in Ihrem Alltag bleiben, was nicht in irgendeiner Weise einen Mehrwert schafft.

Angenommen, Sie könnten das Leben anderer innerhalb einer Stunde mit immensem Wert bereichern: Wäre das nicht sinnvoller, als es über Wochen oder Monate zu verteilen? Natürlich.

Das mag ein drastisches Beispiel sein, aber es geht darum, Ihre Interaktionen so gut wie möglich zu nutzen. Wenn Sie sich stets fragen: »Wie steuere ich Mehrwert bei?«, werden Sie einige großartige Antworten erhalten. Wenn Sie darauf achten, Mehrwert zu schaffen, werden Sie bald feststellen, dass alles, was Sie tun, auf verschiedenste Art und Weise einen Mehrwert schafft. Im Laufe der Zeit beginnen Sie nämlich, alles auszusortieren, was Ihrem Leben oder dem Leben anderer Menschen keinen Mehrwert bringt.

UNSER SOZIALES ENGAGEMENT

Wir haben unzählige Möglichkeiten entdeckt, uns für die Menschen in unserem nächsten Umfeld sowie für Menschen überall auf der Welt zu engagieren. Letzteres geschieht zunehmend über unsere mittlerweile sehr erfolgreiche Website.

Vor Ort waren wir beispielsweise auf Freiwilligenbasis für Habitat for Humanity, Suppenküchen und verschiedene Hilfsorganisationen tätig. Wir halfen, Schulräume anzustreichen, Geld zu sammeln, die Straßen zu reinigen, Hydranten anzustreichen, halfen bei Malerarbeiten im Park und engagierten uns auf verschiedene andere Weise für unsere Gemeinde.

Mittlerweile wird unsere Website von Millionen von Lesern aus aller Welt gelesen und so ergab sich unser internationales Engagement, darunter der Bau einer Grundschule in Laos, der Bau von Trinkwasserbrunnen in Malawi, die einjährige finanzielle Förderung einer weiterführenden Schule in Uganda, der Bau eines Waisenhauses in Honduras und viele ähnliche Projekte. Wir engagieren uns sowohl vor Ort als auch mit eigenen Projekten, da es uns auf unterschiedliche Weise erfüllt. Durch unsere Freiwilligenarbeit bei örtlichen gemeinnützigen Organisationen können wir sowohl Kontakte auf persönlicher als auch auf Gemeindeebene knüpfen. Auf unserer Website hingegen stellen wir unsere Erfahrungen einer größeren Gruppe von Menschen zur Verfügung, was ohne das Internet gar nicht möglich wäre.

Egal, wo Sie anfangen: Sie werden Ihre Komfortzone wahrscheinlich ein Stück weit verlassen müssen, wenn Ihnen diese Formen des sozialen Engagements bislang eher fremd waren.

Das ist vollkommen verständlich. Informieren Sie sich zunächst über die möglichen Organisationen – verschiedene Einrichtungen mit unterschiedlichen Menschen –, bis Sie die Organisation gefunden haben, die Ihnen zusagt. Es ist auch hilfreich, sich auf verschiedenste Art und Weise zu engagieren, um stets neue und spannende Erfahrungen zu machen.

GROSS ODER KLEIN – ES MACHT SIE ZUFRIEDEN

Das Gute am sozialen Engagement ist: Egal, wie und wo Sie sich engagieren, Sie selbst ziehen daraus eine immense, einzigartige Befriedigung. Wir begannen, uns im kleinen Rahmen zu engagieren (lange vor dem Start unserer Website), indem wir an lokalen Wohltätigkeitsveranstaltungen teilnahmen. Wir liefen mit beinahe jeder Freiwilligengruppe mit und halfen, wo immer wir konnten. Nach den ersten Veranstaltungen stellten wir etwas Unerwartetes fest: Unser soziales Engagement vermittelte uns ein richtig gutes Gefühl. Anderen zu helfen, erfüllte uns mit einer tiefen Zufriedenheit, die wir aus anderen Bereichen unseres Lebens nicht kannten.

Wie so oft im Leben entwickelt sich das Engagement weiter, sobald Sie einmal damit begonnen haben.

WERDEN SIE AKTIV!

Vielleicht fällt Ihnen noch viel mehr ein, aber Sie haben mindestens zwei Möglichkeiten, sich für andere zu engagieren:

Örtliche Einrichtungen und Organisationen: Sie können örtliche Einrichtungen unterstützen, die sich für das Gemeinwesen einsetzen (zum Beispiel Habitat for Humanity, Mentorenprogramme für Kinder und Jugendliche, gemeinnützige Organisationen, Obdachlosenheime, Suppenküchen). Weitere Ideen finden Sie unter volunteermatch. org, betterplace.org, gute-tat.de oder auch in Ihrem lokalen Anzeigenblatt.

Eigene Projekte: Vielen Menschen bringt ihr soziales Engagement für andere so viel Befriedigung, dass sie unbedingt eigene soziale Projekte gründen wollen. Für uns hieß das, eine Website zu erstellen, auf der wir unseren Weg dokumentierten und anderen Menschen mit unseren eigenen Erfahrungen und Ratschlägen halfen. Andere wiederum eröffnen vielleicht einen kommunalen Gemeinschaftsgarten oder bieten Nachhilfe für Kinder aus sozial schwachen Stadtvierteln an. Ein eigenes Projekt starten Sie für gewöhnlich erst, nachdem Sie sich zuvor in örtlichen Einrichtungen engagiert haben und überlegen, wie Sie die Umgebung am besten unterstützen können.

ZWEI ARTEN POSITIVE ERLEBNISSE

Nach allem, was wir erlebt und ausprobiert haben, gibt es zwei Arten von positiven Erlebnissen und es ist hilfreich, sich über diese Unterscheidung klar zu werden.

Positive Erlebnisse, die Ihnen Spaß machen

Für manche sind dies Aktivitäten wie eine bestimmte Sportart, einem Kind das Fahrradfahren beizubringen, zu Hause mit Freunden Fußball zu gucken und dergleichen. Dies sind oft die besten und einfachsten Erfahrungen im Leben, da sie spannend und erfüllend sind. Leider sind diese Dinge verglichen mit der zweiten Art positiver Erlebnisse im Alltag eher selten.

Positive Erlebnisse, die Ihnen nicht gefallen

Für manche sind dies genau die Aktivitäten, die ihnen guttun, zum Beispiel Gemüse zu essen, Sport zu machen, körperlich zu arbeiten, sich jeden Abend offen und interessiert mit ihren Lieben zu unterhalten, sich neuen Herausforderungen zu stellen.

DER SCHLÜSSEL ZUM SINNERFÜLLTEN LEBEN

Diese zweite Art von positiven Erlebnissen – nämlich diejenigen, die Ihnen nicht gefallen, aber guttun –, bildet den Schlüssel zu einem sinnerfüllten Leben. Indem Sie Wege und Möglichkeiten finden, die positiven Erlebnisse, die Ihnen nicht gefallen, in positive Erlebnisse zu wandeln, die Ihnen Spaß machen, beginnt sich Ihr Leben langfristig zu verändern. Diese eine Strategie führt zu langfristigem Glück, zu Erfüllung und einem sinnerfüllten Leben. Mit ihr können Sie nicht nur Ihre Beziehung zum sozialen Engagement verändern, sondern sie kann sich auch auf andere Bereiche Ihres Lebens auswirken. Wir stellen Ihnen diesen zentralen Bestandteil erst jetzt gegen Ende des Buches vor, damit wir die Möglichkeiten erläutern können, ihn ganz nach Wunsch auf alle fünf Werte anzuwenden.

SCHECKS SIND KEINE LÖSUNG

Als wir uns zu engagieren begannen, hörten wir oft Sätze wie: »Ich habe keine Zeit für ehrenamtliche Arbeit. Stattdessen schicke ich einen Scheck.« Natürlich sind Geldspenden an Wohltätigkeitsorganisationen eine lobenswerte Sache, die wir Ihnen gern ans Herz legen, falls es Ihnen finanziell möglich ist. Doch die Befriedigung, die Sie aus solchen Spenden ziehen, ist nicht mit aktiv gelebtem sozialem Engagement vergleichbar. Das persönliche Miteinander, die körperliche Anstrengung und die geistige Tätigkeit, ganz im sozialen Engagement aufzugehen, sind weitaus lohnenswerter, als einen Scheck auszustellen.

Beispiel Gesundheit

Es ist nicht einfach, jeden Morgen vor Beginn eines anstrengenden Arbeitstages Sport zu machen. Viel einfacher ist es, noch 30 Minuten zu schlafen. Aber Sie wissen ohne Zweifel, was besser für Sie ist: Ein morgendliches Sportprogramm ist der ideale Start in den Tag. Es gibt Ihnen den Schwung und die Energie, die Sie für den Tag brauchen, und ist mit Sicherheit förderlicher als eine zusätzliche halbe Stunde Schlaf.

Beispiel Beziehungen

Es fällt nicht leicht, nach einem langen Arbeitstag nach Hause zu kommen und sich eine Stunde Zeit für ein sinnvolles und aufmerksames Gespräch mit seinen Lieben zu nehmen. Weitaus einfacher wäre es, wie hypnotisiert auf den Fernseher zu starren. Aber dieses abendliche Gespräch mit Ihrem Partner/Ihrer Partnerin oder engen Freunden stärkt Ihre Beziehungen und bereichert Ihr Leben (und natürlich auch das Ihrer Lieben). Es hat einen hohen Mehrwert, den kein Fernsehprogramm erreicht.

Beispiel Leidenschaft

Es fällt nicht leicht, abends zu Hause zu bleiben und wie besessen an seiner Leidenschaft zu arbeiten, während sich alle Freunde oder Kollegen auf einen Drink im Stammlokal treffen. Einfacher wäre es, auszugehen, ein paar Bier zu trinken und sich flüchtig mit diesen Menschen auszutauschen. Doch es liegt auf der Hand, wovon Sie langfristig gesehen mehr haben. Der den Leidenschaften gewidmete Abend verspricht Mehrwert.

Beispiel Weiterentwicklung

Es fällt nicht leicht, neue Erfahrungen zu machen und sich neuartigen Erlebnissen zu öffnen, beispielsweise neue Trainingsmöglichkeiten zu finden, ein neues Unternehmen zu gründen oder neue Leute kennenzulernen. Einfacher wäre es, mit dem weiterzumachen, was man gerade macht, seine Komfortzone nicht zu verlassen und neue kreative Unternehmungen zu vermeiden, da sie scheitern könnten. Doch Sie wissen ganz genau, wo der Mehrwert auf Sie wartet.

Beispiel soziales Engagement

Und auch hinsichtlich des sozialen Engagements fällt es nicht leicht, samstags früh aufzustehen, um bei einer Wohltätigkeitsveranstaltung mitzuhelfen. Einfacher wäre es, einige Haushaltsdinge zu erledigen und dann die Sportschau einzuschalten.

GRÜNDE FÜR MANGELNDES SOZIALES ENGAGEMENT

Der Grund, warum wir uns nicht in dem Maß sozial engagieren, in dem wir es sollten (oder selbst wollen), liegt darin, dass wir solche Erlebnisse oft als positive Erlebnisse festmachen, die uns aber nicht gefallen. Und der Mensch neigt nun einmal dazu, das zu vermeiden, was ihm nicht gefällt. Das muss sich ändern, wenn Sie dauerhafte Zufriedenheit erleben wollen.

Es wird immer etwas geben, das Sie davon abhält, die Dinge zu tun, die Ihrem Leben mehr Sinn geben würden. Die gute Nachricht ist, dass Sie diese verlockenden Aktivitäten vermeiden können, indem Sie die positiven Erlebnisse, die Ihnen nicht gefallen, in positive Erlebnisse wandeln können, die Ihnen Spaß machen. Auf diese Weise werden alle positiven Erlebnisse in Ihrem Leben angenehm gestaltet. Wir haben für uns Möglichkeiten gefunden, die Erlebnisse, die uns mühsam erschienen, so aufzugreifen, dass sie Spaß machen und interessant sind.

SPASS UND FREUDE AM ENGAGEMENT

Egal, bei welcher Aktivität: Wir beide verlassen gern die ausgetretenen Pfade, damit wir an dem, was wir machen, auch wirklich Freude haben. Ob es um Aktivitäten geht, die mit Gesundheit, Beziehungen, persönlicher Weiterentwicklung oder Engagement für andere zu tun haben: Suchen Sie nach Möglichkeiten, um die Dinge spielerisch, lustig und spannend zu gestalten.

Soziales Engagement ist eine wichtige Angelegenheit, aber wir nehmen uns selbst dabei nicht zu wichtig. Wir gehen die Sache spielerisch an, haben Spaß an dem, was wir tun, und genießen einfach das aktive Tun und Geben. Dabei stellen wir uns diese eine Frage: »Wie könnte ich dieses Erlebnis angenehm gestalten?« Das klingt wie eine banale Frage, doch sie ist die Grundlage dafür, die positiven Erlebnisse, die uns nicht gefallen, in positive Erlebnisse zu wandeln, die uns Spaß machen.

Überlegen Sie, wie Sie sich für andere engagieren könnten (vorzugsweise mit einer neuartigen Aktion). Wenn Ihnen nichts einfällt, nutzen Sie die Websites, die wir Ihnen zu Beginn des Kapitels genannt haben: volunteermatch.org, betterplace.org oder gute-tat.de. Wenn Sie etwas gefunden haben, das Ihnen zusagt, fragen Sie sich: »Wie kann ich dieses Erlebnis angenehm gestalten?« Schreiben Sie alle Antworten auf, die Ihnen einfallen.

Wenige Wochen, bevor wir diese Zeilen schrieben, arbeiteten wir an einem kalten Samstagnachmittag im Spätherbst für Habitat for Humanity. Wir halfen beim Hausbau einer Familie in Dayton, Ohio, mit. Wir arbeiteten im Freien und brachten die Hausverkleidung an, kalter Regen durchnässte unsere Kleidung und ließ unsere Handwerkerambitionen schwinden. Es war nicht sonderlich angenehm. Zumindest nicht am Anfang.

Ryan sah Joshua an und fragte:»Wie können wir das hier angenehm gestalten?« Das war zwar eine einfache Frage, aber die Antwort war nicht so einfach. Bauarbeiten im kalten Regen lassen sich nicht mal eben so angenehm gestalten. Also setzten wir unsere Arbeit fort und begannen, Ideen zu sammeln: Was, wenn wir die Kinder im Haus bitten, uns zu helfen? Was, wenn wir uns einen kleinen Wettkampf liefern, wer am schnellsten die meiste Verkleidung anbringt? Was, wenn wir so richtig schräg und laut singen würden? Was, wenn wir so tun, als seien wir Robert DeNiro und Christopher Walken auf dem Bau? Was, wenn wir zur kurzen Ablenkung alle fünf Minuten Hampelmänner im Regen machen? Was, wenn wir ins Haus gehen, bis der Regen aufhört, heißen Kakao für alle machen und die Familie mit Geschichten unterhalten? Und wenn es dann aufgehört hat, zu regnen, könnten wir sie bitten, uns mit der restlichen Hausverkleidung zu helfen. Was, wenn? Was, wenn? Was, wenn?

Innerhalb weniger Minuten hatten wir ein Dutzend Antworten und Vorschläge, die meisten davon ziemlich albern. Aber wir probierten einige davon aus und hatten an dieser recht stumpfsinnigen Aufgabe weitaus mehr Spaß als zuvor. Wir lachten und amüsierten uns. Wir hatten aus einer langweiligen Aktivität ein Erlebnis gemacht, das uns Spaß machte. Es wurde ein großartiger Tag, der uns lange im Gedächtnis bleiben wird.

GEBEN IST LEBEN

Ohne soziales Engagement wird sich Ihr Leben immer nur eigennützig um Sie selbst drehen. Es ist legitim, im Eigeninteresse zu handeln, aber damit schaffen Sie nur eine leere Existenz. Ein Leben ohne soziales Engagement ist ein Leben ohne Sinn und Bedeutung. Geben ist Leben. Wir fühlen uns nur dann wirklich lebendig, wenn wir wachsen und uns weiterentwickeln können. Und genau darum geht es im wahren Leben. So leben Sie ein sinnerfülltes Leben – ein Leben in bester Gesundheit, mit wunderbaren Beziehungen und äußerster Leidenschaft.

ZUSAMMEN-
SCHLUSS

Wie bringen wir diese fünf Werte, von denen
jeder der wichtigste für den Minimalismus ist, nun
zusammen in ein Leben, in einen Alltag?

WELCHER WERT IST DER WICHTIGSTE?

In den fünf vorangegangenen Kapiteln haben wir die fünf Werte eines sinnerfüllten Lebens ausführlich erläutert. Sie haben sicherlich bemerkt, dass wir zu Beginn jedes Kapitels Gründe genannt haben, warum der betreffende Wert der wichtigste der fünf sei. Ehrlich gesagt sind alle fünf Werte ungemein wichtig. Doch welcher ist der wichtigste?

Diese Fragen haben wir uns oft gestellt und wir gelangten jedes Mal zu einem anderen Schluss. Die ehrliche Antwort ist tatsächlich, dass alle fünf Werte gleich wichtig sind. Die präzisere Antwort lautet, dass sich die Bedeutung der einzelnen Werte im Laufe der Zeit ändert. Wir alle durchleben Phasen – mal kurz, mal lang, mal dauern sie einen Tag, mal einen Monat, mal fünf Jahre –, in denen ein bestimmter Wert offensichtlich Vorrang vor den anderen hat.

DIE ZWEI WICHTIGSTEN WERTE EINES MENSCHEN

Im Laufe der Zeit haben wir festgestellt, dass oftmals zwei Werte ganz oben auf der Prioritätenliste eines Menschen stehen. Das bestätigte sich in der großen Mehrzahl der Gespräche und Beratungen, die wir mit den unterschiedlichsten Menschen führten. Und wahrscheinlich ist es bei Ihnen ebenso.

Von den fünf Werten sind uns also zwei ganz besonders wichtig. Und obwohl jeder Mensch diese fünf Werte immer wieder anders einstufen wird und ausnahmslos jeden der Werte jederzeit zur obersten Priorität machen kann, werden zwei Werte über die Schwankungen hinweg häufiger an oberster Stelle stehen als die anderen drei. Das kann individuell und je nach eigenen Wünschen und Ansichten stark variieren.

JOSHUAS ZWEI WICHTIGSTE WERTE

Die zwei wichtigsten Werte in Joshuas Leben sind ziemlich eindeutig Gesundheit und Leidenschaft. Er lebt seine Leidenschaft, indem er sich jeden Morgen gleich nach dem Aufstehen hinsetzt und schreibt (lesen Sie dazu, wenn Sie möchten, sein Essay »Why I Wake at 3:30 AM« unter minimalists.com/morning, auf Englisch). Zudem ernährt er sich gesund und macht jeden Tag seinen Sport. Diese Dinge sind für ihn mittlerweile fast unverzichtbar, aber das war nicht immer so. Nachdem er entsprechende Gewohnheiten entwickelt hatte, die ihm Spaß machten, fiel es ihm besonders leicht, sich auf diese beiden Bereiche zu konzentrieren und sie zu intensivieren.

Gesundheit und Leidenschaft – das sind die zwei Werte, die bei Joshua ganz oben auf der Liste seiner Werte stehen.

Das bedeutet nicht, dass er die anderen Bereiche – Beziehungen, Weiterentwicklung und soziales Engagement – vernachlässigen würde. Aber Joshua weiß, worauf es ihm vor allem ankommt. Sie sollten ebenso wissen, welche beiden Bereiche Ihre aktuellen Standardwerte ausmachen, damit Sie sich auf die anderen drei konzentrieren können, die weniger relevant für Sie sind. Joshua weiß, dass er sich jeden Tag eingehender auf seine Beziehungen, seine persönliche Weiterentwicklung und sein soziales Engagement konzentrieren muss. Indem er seine Aufmerksamkeit auf die Bereiche lenkt, die ihm weniger leichtfallen, kann er sein Leben besser im Gleichgewicht halten.

RYANS ZWEI WICHTIGSTE WERTE

Für Ryan stehen Beziehungen und Weiterentwicklung an erster Stelle. Als extrem extrovertierter Mensch liebt Ryan die Gesellschaft anderer und es fällt ihm leicht, seine Beziehungen zu pflegen und neue aufzubauen. Auch zwingt ihn sein Ehrgeiz dazu, mit sich selbst zu wetteifern und seine persönliche Weiterentwicklung unermüdlich voranzutreiben.

> *Für Ryan stehen seine Beziehungen und seine Weiterentwicklung ganz oben.*

Das bedeutet, dass sich Ryan täglich bemühen muss, sich auf die drei restlichen Werte zu konzentrieren: Gesundheit, Leidenschaft und soziales Engagement.

DIE RESTLICHEN DREI WERTE

Nur weil ein Mensch zwei Werte hat, auf die er sich überwiegend konzentriert, sind die restlichen drei nicht weniger wichtig. Ganz im Gegenteil. Konzentriert sich jemand zu stark auf einen oder zwei bestimmte Bereiche in seinem Leben, kommt den restlichen Bereichen unter Umständen nicht die erforderliche Aufmerksamkeit zu, was zu einem unausgeglichenen, unzufriedenen Leben führen kann.

Wenn beispielsweise ein Mann all seine Energie für seine Gesundheit und seine Leidenschaften aufbringt und sich nicht ausreichend seinen Beziehungen widmet, wird er sich höchstwahrscheinlich irgendwann einsam und deprimiert fühlen. Wenn er sich nicht um seine persönliche Weiterentwicklung kümmert, wird er sich festgefahren fühlen und er wird bald selbstgefällig – ein Teufelskreis. Wenn er sein soziales Engagement vernachlässigt, wird er immer eine gewisse Unzufriedenheit verspüren, da wir echte Erfüllung nur erleben, wenn wir uns um andere kümmern.

AUSGEWOGENHEIT ALLER FÜNF WERTE

Es ist wichtig, dass Sie um die Bedeutung Ihrer wichtigsten Werte wissen. Trotzdem sollten alle fünf Werte gleich gewichtet sein. Langfristige Zufriedenheit erfährt man nur, wenn man allen fünf Bereichen dieselbe Aufmerksamkeit schenkt. Dazu empfehlen wir Ihnen, sie aktiv in Ihr tägliches Leben zu integrieren. Wenn alle fünf Bereiche im Mittelpunkt Ihres Lebens stehen, wird am besten gewährleistet, dass Sie sinnerfüllt leben.

Am besten beantworten Sie zu diesem Zweck folgende Frage: »Wie habe ich heute alle fünf Werte in mein Leben integriert?« Mit anderen Worten: »Wie habe ich mich um Gesundheit, Beziehungen, Leidenschaft, Weiterentwicklung und soziales Engagement gekümmert?« Sobald uns bewusst ist, wie wir diese fünf Bereiche in unser tägliches Leben integrieren, wird uns auch deutlich, wie wir unsere Zeit aufteilen wollen.

Bei unseren Handlungen stellen wir uns oft die Frage: »Welchen Bereich meines Lebens verbessere ich mit dieser Handlung?« Wenn sie keinen der fünf Bereiche verbessert, müssen wir uns eine weitere Frage stellen: »Wie könnte diese Handlung einen der fünf wichtigen Bereiche in meinem Leben verbessern?« Wenn Ihre jeweilige Handlung nicht mindestens einen der fünf Bereiche direkt oder indirekt verbessert, müssen Sie einen Weg finden, diese Handlung aus Ihrem täglichen Leben zu streichen.

Die meisten Menschen sind mit mühsamen, banalen Tätigkeiten beschäftigt, die sehr zeitraubend sind, aber ihrem Leben keinen Mehrwert bieten. Wir könnten Millionen solcher Tätigkeiten anführen. Das würde unseren Rahmen sprengen, daher führen wir nur einige einschlägige Beispiele an. Nehmen Sie sich am besten zehn Minuten Zeit und schreiben Sie alle Ihre Handlungen der letzten Woche auf, die nichts zu den fünf wichtigen Bereichen Ihres Lebens beitragen. Und dann schreiben Sie auf, warum sie nichts zu diesen fünf Bereichen beitragen. Wie können Sie diese Handlungen reduzieren oder ganz ablegen?

Rauchen

Ganz eindeutig gefährdet Rauchen die Gesundheit (es verbessert also diesen Lebensbereich nicht und hat zudem negative Auswirkungen). Rauchen bringt auch keinen Mehrwert für Ihre persönlichen Beziehungen, hilft Ihnen nicht, Ihren Leidenschaften nachzugehen, fördert ganz sicher nicht Ihre persönliche Weiterentwicklung und auch nicht Ihr soziales Engagement.

Übermäßiges Essen

Ähnlich wie das Rauchen schadet übermäßiges Essen mit Sicherheit Ihrer Gesundheit und ist für keinen der anderen Bereiche Ihres Lebens förderlich.

Klatsch und Tratsch

Schlecht über andere zu reden, kann Ihre Beziehungen nachhaltig zerstören. Ganz offensichtlich verbessert dieses Verhalten auch keinen der anderen vier Bereiche.

DIE ROLLE DES MINIMALISMUS

Kehren wir zum Schluss noch einmal direkt zum Minimalismus zurück. Denn natürlich konnte er nicht nur das Thema der ersten Kapitel sein. Sie fragen sich vielleicht dennoch: Was hat Minimalismus mit dem Ganzen zu tun?

Nun, Minimalismus spielt eine wesentliche Rolle in einem sinnerfüllten Leben. Erinnern Sie sich an unsere Definition im ersten Kapitel: Minimalismus ist ein Werkzeug, um Überflüssiges im Leben abzulegen, sich auf das Wesentliche zu konzentrieren und Glück, Erfüllung und Freiheit zu finden. Daher handelt dieses Buch vom Minimalismus, weil es hier um die fünf wichtigsten Werte geht. Wenn Sie den Minimalismus auch auf

Lebensbereiche wie Ihren materiellen Besitz, Ihre Arbeit und so weiter anwenden, konzentrieren Sie sich voll und ganz auf die wichtigsten Dinge im Leben: die fünf Werte.

Ein sinnerfülltes Leben und Minimalismus gehen also Hand in Hand. Minimalismus dient als Werkzeug. Er hilft Ihnen, sich leichter auf das Wesentliche zu konzentrieren, und befreit Sie von unnötigen Dingen, damit Sie ein bewussteres Leben im Sinne der fünf Werte führen können.

JETZT SIND SIE DRAN!

Welche überflüssigen Dinge, Tätigkeiten und Beziehungen können Sie aus Ihrem Leben streichen, damit Sie mehr von Ihrer Zeit und Energie für die fünf Werte aufbringen können?

Machen Sie am besten noch heute den ersten Schritt und wenn Sie dafür weitere Unterstützung wünschen, dann lesen Sie die praktischen Tipps zum Ausmisten: »Start Here« unter minimalists. com/start, auf Englisch.

VOM NEUEN
LEICHT-SINN

Es ist wichtig, sich eine weitere Frage zu jeder Ihrer täglichen Tätigkeiten zu stellen: »Wie könnte sich diese Tätigkeit positiv auf mindestens einen wichtigen Bereich in meinem Leben auswirken?« Wenn Sie eindeutige Fragen wie diese stellen, erhalten Sie auch eindeutige Antworten.

Nicht alle unsere Tätigkeiten sind so offensichtlich schädlich wie Rauchen oder Klatsch und Tratsch. Einige davon könnten strittig sein. Fernsehen zum Beispiel. Fernsehen an sich ist keine durchweg schlechte Sache, aber wenn es einen Großteil Ihrer Zeit in Anspruch nimmt, kann es einem sinnerfüllten Leben abträglich sein. Fragen Sie sich also: »Wie könnte Fernsehen mindestens einen Bereich meines Lebens verbessern?«

Vielleicht können Sie sich zum Fernsehen mit einem Freund verabreden, Ihre Lieblingssendung gemeinsam ansehen und anschließend darüber sprechen. Wir beide machen das so mit unseren Lieblingssendungen. So sind wir nicht versucht, ständig den Sender zu wechseln und irgendwo hängen zu bleiben, was sehr viel Zeit in Anspruch nehmen kann, ohne dem Leben irgendeinen Mehrwert zu bringen. Oder vielleicht können Sie fernsehen und dabei auf dem Hometrainer trainieren und etwas für Ihre Gesundheit tun.

Bei vielen strittigen Tätigkeiten gibt es mehrere Möglichkeiten, doch noch eine positive Auswirkung auf zumindest einen der fünf Werte zu finden. Wenn Ihnen nichts einfällt, wie sich eine Ihrer strittigen Tätigkeiten positiv auf einen der fünf Werte auswirken kann, sollten Sie sie wohl aus Ihrem Leben streichen oder zumindest drastisch reduzieren. Überlegen Sie ehrlich, was Sie aus Ihrem Leben verbannen wollen, um das bestmögliche Ergebnis zu erzielen. Sich von bestimmten Dingen zu trennen, mag zunächst schwer sein. Aber es lohnt sich! Die positiven Veränderungen sind das kurzzeitige Opfer alle Male wert. Weitere Beispiele zu strittigen Tätigkeiten sind Surfen im Internet, soziale Medien, Shoppen, tägliches Pendeln zwischen Arbeit und Zuhause, spätes Aufstehen und spätes Zubettgehen.

WAS IST FÜR SIE STRITTIG? UND WIE WIRD ES POSITIV?

Welche strittigen Tätigkeiten rauben Ihnen Ihre Zeit? Erstellen Sie eine Liste. Wir hatten bereits Beispiele genannt: Fernsehen, Surfen, Nutzung sozialer Medien, Shoppen, Pendeln zur und von der Arbeit, lange aufbleiben, lange schlafen. Welche fallen Ihnen aus Ihrem Leben noch ein?

Wenn Sie Ihre Liste aufgeschrieben haben, stellen Sie sich eine wichtige Frage zu jedem der aufgeführten Punkte: Wie könnten sich diese Tätigkeiten positiv auf mindestens einen Bereich in Ihrem Leben auswirken?

ERGEBNISSE MAXIMIEREN

Einige unserer Handlungen haben eine positive Wirkung auf mehrere der fünf Werte. Oftmals sind dies die besten Aktivitäten, die am meisten zu einem sinnerfüllteren Leben beitragen.

Wir machen beispielsweise gern gemeinsam Sport, was sich positiv auf unsere Gesundheit und unsere Beziehung auswirkt. Wir arbeiten gern gemeinsam an unserer Website, was sich positiv auf unsere Beziehung, unsere Weiterentwicklung und unser soziales Engagement auswirkt und uns ermöglicht, unsere Leidenschaften auszuleben. Allein mit diesen beiden Beispielen decken wir alle fünf Werte für ein sinnerfüllteres Leben ab, weil diese Aktivitäten unsere Ergebnisse maximieren.

Welche Ihrer Handlungen haben eine positive Wirkung auf mehrere der fünf Werte? Was können Sie tun, damit sich Ihre aktuellen Tätigkeiten auf mehrere der fünf Werte auswirken? Wie erkennen Sie es? Wie erkennen Sie, dass Sie ein sinnerfülltes Leben führen?

Das ist eine wichtige Frage. Leider gibt es darauf keine binäre Antwort, kein simples Ja oder Nein. Es gibt keine Checkliste und keine grundlegenden Leitsätze, nach denen Sie Ihr Leben zu überprüfen haben, um diese Frage zu beantworten. Genauso, wie es auf viele andere Fragen im Leben keine eindeutige Antwort gibt. »Bin ich gesund?« »Bin ich glücklich?« »Bin ich zufrieden?« »Bin ich erfolgreich?« »Bin ich intelligent?« »Bin ich leidenschaftlich?« »Entwickle ich mich weiter?« »Engagiere ich mich für andere?« »Bin ich ein guter Mensch?«

Wahrscheinlich denken Sie jetzt: »Na toll, ich bin fast am Ende des Buches angelangt und Sie sagen mir einfach nicht, ob ich ein sinnerfülltes Leben lebe?« Nein, das tun wir nicht. Denn wir können es Ihnen gar nicht sagen. Die Antwort kennen nur Sie allein. Wie bei den eben aufgeführten Fragen wendet jeder Mensch unterschiedliche Kriterien und eigene Regeln an. Wir halten Sie vielleicht für intelligent oder gut oder glücklich, aber unsere Meinung ist vollkommen unwichtig. Die Antwort, die zählt, kennen nur Sie allein. Wir messen unseren Erfolg bei allen fünf Werten mithilfe einer Gleichung, die wir »die einfache Erfolgsformel« nennen: Erfolg = Glück + stetige Weiterentwicklung. Diese Formel kann für alle fünf Werte angewendet werden. Letzten Endes sind Sie in einem der fünf Bereiche erfolgreich, wenn Sie glücklich mit Ihrem jetzigen Leben sind und diesen Bereich täglich weiter verbessern.

Vielleicht sind Sie nicht in der besten Form, aber wenn Sie mit Ihren Fortschritten und täglichen Verbesserungen glücklich sind, sind Sie in diesem Bereich erfolgreich. Wenn Sie umgekehrt zwar in großartiger Form sind, sich aber nicht täglich in kleinen Schritten um die Verbesserung Ihrer Gesundheit kümmern, werden Sie langfristig keinen Erfolg spüren. Oder wenn Sie mit Ihrer körperlichen Form nicht glücklich sind, aber sich stetig verbessern, sind Sie in diesem Bereich zwar nicht erfolgreich, aber mit den kleinen täglichen Verbesserungen Ihrer Gesundheit wird sich der Erfolg noch einstellen. Wenn Sie nicht glücklich sind mit Ihren Beziehungen und in diesem Bereich keine Verbesserungen vornehmen, sind Sie nicht erfolgreich.

DIE EINFACHE ERFOLGSFORMEL

Erfolg = Glück + stetige Weiterentwicklung

Noch vor wenigen Jahren traf bei uns auf alle fünf Werte zu, dass wir nicht erfolgreich waren. Wenn Sie das erste Kapitel noch erinnern, wissen Sie, dass wir nicht glücklich waren mit unserem Leben. Wir waren nicht glücklich mit unserer Gesundheit, unseren Beziehungen, unseren Leidenschaften, unserer persönlichen Weiterentwicklung und auch nicht mit unserem sozialen Engagement. Schlimmer noch: Es gab keinerlei Verbesserung in diesen Bereichen. Im Gegenteil. Diese Bereiche verschlechterten sich immer mehr, während wir unser altes Leben weiterlebten und mit der Zeit immer unzufriedener wurden.

Da beschlossen wir, wieder die Kontrolle über unser Leben zurückzuerlangen. Mithilfe der Grundsätze des Minimalismus trennten wir uns von allen überflüssigen Dingen in unserem Leben, um uns jeden Tag auf die fünf Werte konzentrieren zu können. Innerhalb von zwei Jahren hatte sich unser Leben komplett geändert. Wirklich komplett. Wir geben zu: Es war alles andere als einfach. Es erforderte tägliche Aufmerksamkeit und den festen Willen, sich stetig weiterzuentwickeln. Um auch künftig ein sinnerfülltes Leben zu leben, müssen wir weiterhin jeden Bereich in unserem Leben verbessern. Und das Tag für Tag. Kleine tägliche Veränderungen zeigen mit den Wochen und Monaten eine große Wirkung.

Wir trennten uns von allem Überflüssigen, um zum Wesentlichen zu gelangen: zu einem sinnerfüllteren Leben. Genau das können Sie auch für sich und Ihr Leben tun.

Wir haben in den vergangenen Jahren festgestellt, dass wir glücklich sein können. Wir können unser Leben jeden Tag verbessern und letztendlich ein sinnerfülltes Leben führen. Und wir wissen: Sie können das auch.

ÜBER »THE MINIMALISTS«

Joshua Fields Millburn und Ryan Nicodemus sind Bestseller-
autoren und weltweit als Vortragsredner zum Thema Sinnerfülltes Leben mit weniger Ballast tätig. Ihre Geschichte war Thema
in führenden amerikanischen Medien wie der »Today Show«,
im »Time Magazine«, im »People Magazine«, in »Forbes«, in
der »New York Times«, im »Wall Street Journal«, in »USA Today«, im »Boston Globe«, im »San Francisco Chronicle«, in der
»Chicago Tribune«, in der »Seattle Times«, im »Toronto Star«, in
»Globe & Mail«, in der »Vancouver Sun«, in »Village Voice« und
»LA Weekly«, um nur einige zu nennen. Besuchen Sie die Autoren online unter TheMinimalists.com (Website in Englisch).

WEITERE BÜCHER DER AUTOREN
(AUF ENGLISCH)

»Essential«
»Everything That Remains«
»As a Decade Fades« (Roman)

Die werden Sie auch lieben.

ISBN 978-3-8338-5523-8

ISBN 978-3-8338-5100-1

ISBN 978-3-8338-4622-9

ISBN 978-3-8338-3814-9

 Auch als eBook erhältlich.

Mehr von GU auf **www.gu.de** und
f facebook.com/gu.verlag

Willkommen im Leben.

IMPRESSUM

© 2018 GRÄFE UND UNZER VERLAG GmbH, München

Copyright der Originalausgabe:
© 2011 & 2016 by Joshua Fields Millburn & Ryan Nicodemus

Originaltitel: MINIMALISM. Live a meaningful life. The Minimalists

Originalverlag: Asymmetrical Press, Missoula, Montana

Projektleitung: Claudia Böhm

Übersetzung: Andrea Langer

Lektorat: Dr. Diane Zilliges

Layout & Umschlaggestaltung: independent Medien-Design GmbH, Horst Moser, München

Herstellung: Markus Plötz

Satz: Uhl + Massopust, Aalen

Repro: Repro Ludwig, Zell am See

Druck und Bindung: C. H. Beck, Nördlingen

ISBN 978-3-8338-6489-6

4. Auflage 2019

Die **GU Homepage** finden Sie im Internet unter **www.gu.de**

www.facebook.com/gu.verlag

Liebe Leserin, lieber Leser,

haben wir Ihre Erwartungen erfüllt? Sind Sie mit diesem Buch zufrieden? Haben Sie weitere Fragen zu diesem Thema? Wir freuen uns auf Ihre Rückmeldung, auf Lob, Kritik und Anregungen, damit wir für Sie immer besser werden können.

GRÄFE UND UNZER Verlag
Leserservice
Postfach 86 03 13
81630 München
E-Mail:
leserservice@graefe-und-unzer.de

Telefon: 00800 / 72 37 33 33*
Telefax: 00800 / 50 12 05 44*
Mo–Do: 9.00 – 17.00 Uhr
Fr: 9.00 – 16.00 Uhr
(* gebührenfrei in D, A, CH)

Ihr GRÄFE UND UNZER Verlag
Der erste Ratgeberverlag – seit 1722.

Bildnachweis

Autorenfoto: Joshua Weaver

Coverfoto: Getty Images

Ein Unternehmen der
GANSKE VERLAGSGRUPPE